**Disfruta del sexo
sin miedo y sin culpa**

Consciencia Emocional y Sexual

Atévete a pedir, aprende a recibir

IVONNE JURADO

Dedicado a:

Mi Shifu Carlos "Tormenta" Mendoza
Por ser la chispa que encendió la llama.

Mi Coach David Gaona
Por permanecer, comprender y no dejarme caer.

AGRADECIMIENTO

Gracias por estar, gracias por ser, gracias por irse, gracias por permanecer.

Escribir este libro fue un aprendizaje en todos los sentidos, revelador de circunstancias pasadas que no comprendí, que cuestioné en su momento, como si yo fuera alguien especial a quien no "debían" de pasarle "cosas malas", ya que según yo "era una buena persona". Todas y cada una de ellas tuvo un propósito divino, ahora en la distancia, lo veo con claridad y en profundo agradecimiento. Comprendí que más vale ser una persona completa antes que una buena persona.

Gracias Shifu Carlos "Tormenta" Mendoza por todo el conocimiento y sabiduría compartida, por ser la chispa que encendió la llama. Gracias Máster Coach David Gaona por sostenerme cuando lo requerí, por comprender y por siempre impulsarme a cumplir mis metas. Gracias Ricardo del Valle Solares, por el apoyo brindando cuando fue requerido. Gracias a Maricarmen Gutiérrez, por ser la diseñadora de la cara de este libro y sus interiores. Gracias Gavin, Sofi Galván Jurado, Aída Hernández Corona por su apoyo para la corrección de estilo. A todos ustedes, gracias por su amistad y su cariño.

Gracias a todas las personas que han contribuido y han aportado a mi vida para ser la que ahora soy, a mis amigos, los que están y permanecen y los que no están y vuelan en otras vibraciones. Gracias por todas las experiencias vividas desde mi niñez hasta la adultez, gracias a mis padres por dejar tan bien sembrada su semilla en mi, a mi madre por enseñarme a perseverar siempre y a mi padre por enseñarme a permanecer ecuánime y con una sonrisa en el rostro a pesar de las circunstancias. A mis hermanas por compartir conmigo sus visiones de cómo ser esposas y madres, lo que ha significado para ellas esta experiencia de vida.

Al padre de mis hijos, sin él, no habría conocido el amor incondicional de madre y por su contribución para ser yo. Gracias a mis hijos, sin ellos, el sentir de la vida sería diferente. Desde que soy madre la percepción de la vida es toda una aventura de conocimiento y experiencia infinita.

Gracias también a ti, por tu interés y tu tiempo para leer lo que una Servidora de la vida, ha elegido expresar.

Índice

Encuentra cómo llegaste aquí

- Utiliza lo que ya pasó
- Bendice tú vida
- Inconsciente
- Círculo de la Vida
- Alimenta tú mente

Nada es por casualidad

- Conoces a personas
- Amor y su diversidad
- Relaciones
- Eliges inconscientemente
- Novedoso
- Creas una expectativa
- Intuyes qué no es
- Accionas sin escucharte

Agradece lo que ocurrió

- Aceptación.
- Culpa.
- El mundo de los opuestos.
- Perdona.
- Toma consciencia.
- Avanza.

Mundos complementarios

- Mujeres evolutivamente contrariadas
- Ufanamente feministas.
- Nada será igual.
- Dos es igual a uno.
- Observando la comunicación.
- Sexo, el común denominador.

Origen de la sexualidad

- Familiares
- Anatómicos
- Culturales
- Tipo Religioso
- Origen (Hombre o Mujer)
- Reproductivos
- Específicos
- Sociales

Reviviendo el deseo sexual

- Diversidad
- Entrega
- Singular
- Espontáneo/Especial
- Orgasmos

A crear una sexualidad satisfactoria

- Consciencia
- Responsabilidad
- Expresa
- Acepta y Aclara
- Satisface y Satisfácete

Novedad: Sexualidad en 3D

- Diversifica
- Documéntate
- Diviértete

Diviértete

- Juguetes sexuales
- Usa protección
- Elige libremente
- Genera confianza
- Abre tu mente

Obteniendo placer

- Privada
- Libre
- Autenticidad
- Congruente
- Especial
- Reconfortante/Romance

Triunfando: Plenitud Sexual

- Platica
- Límites claros
- Explora
- Neutral = Respeto
- Interactúa
- Tabúes
- Usa tu creatividad
- Disfruta

Emprendiendo tu viaje

- Eleva tus estándares
- Quiebra tus creencias limitantes
- Utiliza la congruencia
- Intención clara
- Platica
- Alerta
- Jamás te rindas
- Enamorándote de ti para enamorar

Encuentra cómo llegaste aquí
Nada es por casualidad
Agradece lo que ocurrió
Mundos complementarios
Origen de la sexualidad
Reviviendo el deseo sexual
A crear una sexualidad satisfactoria
Novedad: Sexualidad en 3D
Diviértete
Obteniendo placer
Triunfando: Plenitud Sexual
Emprendiendo tu viaje

Capítulo 1

Encuentra cómo llegaste aquí

"Uno no se ilumina imaginando figuras de luz, uno se ilumina haciendo la oscuridad consciente."
Dr. Carl Gustav Jung

Un día cualquiera despiertas por la mañana, o por la tarde viendo alguna película, o por las noches de interminable insomnio, o en el tráfico, en fin, en cualquier momento llega una pregunta como ladrona de tu presente, fría, oportuna pues parece que ha estado esperando mucho tiempo para que tengas oportunidad de entenderla, que susurra suave y contundentemente: ¿Cómo llegué hasta aquí?

Esta pregunta te hace reflexionar en todas o casi todas las decisiones "conscientes" que según tú, has tomado en tu vida. Desde qué carrera estudiar, si es que estudiaste, si trabajar en lugar de ir a la Universidad, si casarte o unirte con tu pareja, si tener hijos o no, si elegir entre tu trabajo o formar una familia, si divorciarte o no, si viajar a Holanda o a la India, si cambiar de carro o no, comprar o rentar un departamento o casa, si regalar en Navidad o no, si decirle a esa persona que la amas o no, en fin, una serie de decisiones que hayan sido las que hayan sido, te han puesto de pronto en el lugar que ahora estás.

¿Te sientes satisfecho en cómo estás? ¿Te sientes pleno? ¿Realmente sabes cómo llegaste hasta hoy? Nada me daría más gusto que escucharte decirte ¡Sí, así me siento! y ¡Sí sé cómo llegué aquí!... Si es así, enhorabuena. Si la respuesta es no, en las líneas más adelante encontrarás uno o varios de los motivos por los cuales estás en donde estás y no sabes ni cómo llegaste a este momento en tu vida.

El tesoro más grande que tienes es tu poder de elección.

Es como el mapa del tesoro, te has encontrado en el camino con miles de situaciones en las cuales has tenido que elegir y tal vez, sólo digo tal vez, estés en un punto en tu vida en el que escuchas una voz interna que te está hablando desde hace tiempo, la cual no has querido escuchar.

En las líneas más adelante, te daré una fórmula para que descubras cómo llegaste a este punto de tu existencia y experiencia y cómo utilizar lo que ya pasó a tu favor.

Utiliza lo que ya pasó

"Tú pasado es una referencia, no una permanencia."

Es muy importante que comprendas que lo que haya pasado en tu vida, ya está hecho, ya no hay vuelta atrás, hasta ahora. También es fundamental que comprendas que nacemos con información, no es casualidad cómo has vivido hasta ahora, tus células y tus genes son portadores de información ancestral, es natural que así suceda, de lo contrario, la evolución como seres humanos no sería posible, ya que siempre estaríamos comenzando de cero y de esta manera, sería imposible llegar a donde hemos llegado como raza humana.

La buena noticia es que tal vez estés repitiendo patrones de comportamiento inconscientes y la otra buena noticia es que una vez que los hagas conscientes, será posible ver los cambios que tanto anhelas.

"Tú pasado no te define, son tus acciones las que le dan rumbo a tu vida."

Ivonne Jurado

Bendice tu vida

"El agradecimiento es la memoria del corazón."

Lao Tze

Un corazón agradecido es un corazón que tiene la capacidad de adaptarse y sacar lo mejor de cualquier circunstancia de la vida. Esto no quiere decir que no duela, ni que siempre tengas que poner buena cara ante lo que ocurre. Lo que te quiero decir es que sigas avanzando a pesar de lo que ocurre, que avances tanto en cuerpo como en alma y en pensamiento. De nada sirve que estés con el cuerpo si no estás en congruencia contigo mismo/a. Te voy a platicar una historia personal, la cual me ha apoyado desde hace más de 15 años.

Estaba de visita con mi hermana en Las Tablas, Provincia de los Santos, Panamá. Su casa está a las afueras de la Las Tablas, rodeada de vegetación. Enfrente de su casa pasa una carretera de dos carriles, a un costado se ven varios cerros y la casa más cercana está a medio kilómetro de distancia. Una mañana, salí a disfrutar de una aromática taza de café, me senté en la banca que tiene ella para tal propósito y comencé a añorar y a llorar porque no estaba con mis hijos. Me sentí culpable porque de por sí, los dejaba con su papá para ir a trabajar, a veces por días. La diferencia fue en que ahora no era "justificable", ya que estaba de vacaciones con mi hermana, a quien hacía varios años no veía. Justo en ese momento vi el cerro con su falda verde, vi el cielo azul con su magnificencia eterna, vi la carretera, vi mi taza de café humeante y lo más importante, me vi a mí. Fui consciente de mi cuerpo, entonces entendí que estaba en la casa de mi hermana con un propósito: disfrutar de su compañía por unos días, entendí que de nada servía que yo estuviera añorando a mis hijos, que estuviera triste, ya que ni estaba con ellos ni estaba en armonía con mi cuerpo ni con mi propósito. Sentí una gran liberación de la culpabilidad, que alguien había dicho algún día que tenía que sentir por no estar con mis hijos, por disfrutar de unos días para mí. Desde entonces aprendí a estar con el alma en donde está el cuerpo.
Aprendí a agradecer lo que ocurra en mi vida, aunque a veces duela, aunque a veces sienta ira, aunque a veces sienta desagrado. No es lo que sucede, es qué haces con lo que sucede.

Inconsciente

"El inconsciente es la historia de la humanidad desde tiempos inmemoriales."

Dr. Carl Gustav Jung

Existe la teoría de que tenemos tres cerebros, ¿ahora, ya te imaginas cómo has tomado las decisiones en tu vida? Si pensabas que tenías un solo cerebro y resulta que son tres, ahora comienza a hacerte sentido cómo llegaste al día en que tienes en tus manos este libro, el cual, la única intención que tiene es que adquieras consciencia, o mejor dicho, que la despiertes, porque de que la tienes, la tienes, tal vez algo adormilada o de plano en un sueño tan profundo que se requerirá más de una lectura para que estés alerta en tu día a día. No te preocupes, sólo es cuestión de practicar, ya que la consciencia como cualquier deporte o actividad, requiere de práctica para que te vuelvas experto en vivir con ella. Vamos por partes.

Esta teoría es de Paul D. MacLean (1 de mayo de 1913 - 26 de Diciembre de 2007), médico norteamericano y neurocientífico, quien hizo contribuciones significativas en los campos de la psicología y la psiquiatría. Su teoría evolutiva del cerebro TRIUNO propone que el cerebro humano es en realidad tres cerebros en uno:

- El cerebro reptiliano.
- El cerebro límbico.
- El cerebro neocortex.

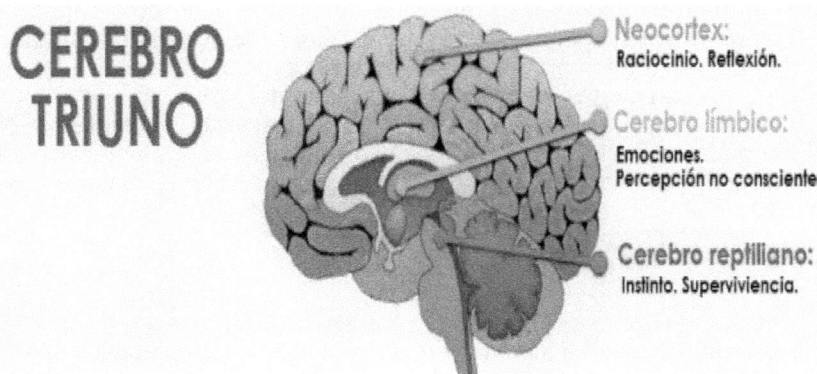

El cerebro reptiliano comprende el tallo cerebral, regula los elementos básicos de supervivencia, como la homeostasis[1]. Es compulsivo y estereotipado. Su principal función es sobrevivir, alejarte del dolor y acercarte al placer. Tiene con la humanidad unos 500 millones de años. Es la parte reactiva que todos tenemos, es natural y está impregnada en nuestro cuerpo. Es la que escucha un alerta o ve peligro y hace que te movilices de inmediato, no piensa, no razona, solo actúa.

El cerebro límbico añade la experiencia actual y reciente a los instintos básicos medidos por el cerebro reptil, permite que los procesos de sobrevivencia básicos del cerebro reptil interactúen con los elementos del mundo externo, lo que resulta la expresión de la emoción en general. Para ponerlo en términos sencillos, aquí está el mundo de las emociones y sentimientos. Conecta y apoya la parte instintiva con la parte de convivencia social que tenemos como seres humanos.

Si recordamos que la función principal del cerebro reptil es sobrevivir, más allá de lo que inmediatamente surge en tu mente: no morir o permanecer vivo, también está la parte de la supervivencia: la reproducción de la especie.
Dicho lo cual, el instinto de reproducción interactúa con la presencia de un miembro atractivo del sexo opuesto, lo que genera sentimientos de deseo sexual. Helos aquí, combinados y actuando con un mismo objetivo al cerebro reptil y al cerebro límbico. Tiene con nosotros 120 millones de años aproximadamente.

¿Has escuchado la expresión "anda en el limbo"? Pues aquí tienes la respuesta: ni actúa impulsado por el instinto de supervivencia, ni razona para salir de donde está. Imagina, es como si estuvieras a la mitad de un puente y no eres capaz de elegir si vas a cualquiera de sus extremos, te quedas a la mitad.
El cerebro neocortex, regula emociones específicas basadas en las percepciones e interpretaciones del mundo inmediato, reflexiona, razona. Se basa en procesos interpretativos complejos, utilizando la solución de problemas y planificación a largo plazo en la expresión de emociones. Tiene con nosotros 100 millones de años aproximadamente.

---

[1] **Es un conjunto de fenómenos de autorregulación, son los que permiten el mantenimiento de una constancia en la composición y en las propiedades del medio interno y un organismo.**

Se dice que este cerebro es el que nos ha llevado a donde estamos ahora como humanidad, es el que marca la diferencia con el reino animal y se cree que es el que toma las decisiones de nuestro actuar día a día.

La realidad es otra, ¿sabes o tienes alguna idea de qué porcentaje de decisiones conscientes tomamos en un día? Vamos, más allá de decir "no sé", lleva a tu cerebro racional a que tome una elección... ¿Ya lo pensaste? Pues he aquí la respuesta, los estudios han demostrado que solamente de un 3 a un 5% son decisiones conscientes, estudios en Harvard han demostrado que hasta un 15%, sin embargo, son casos muy específicos. En general, estás controlado, dominado o has sido llevado a dónde estás hoy por el cerebro reptiliano o inconsciente, ya que el toma la mayor parte de las decisiones día a día.

Seguro te has preguntado más de una vez ¿Cómo llegué aquí? Esto no es lo que yo quería para mi vida, ni con mis hijos, ni con mi pareja, ni estar solo, ni este trabajo, ¿Cómo llegué aquí? Es similar a cuando vas manejando de un lugar a otro, ya sabes el camino pues es el trayecto al trabajo o a algún lugar rutinario, llegas y dices "ni cuenta me di cuando pasé los semáforos". Igual ha sucedido en tu vida, por dos razones:

- El cerebro reptil o el inconsciente toma el 95% de tus decisiones.

- No eras consciente de esta situación, hasta ahora.

Si quieres, puedes consultar mi página de Facebook Coach Ivonne Jurado (@ivonnejuradocoach), para conocer testimonios de las personas que han asistido al Taller y han tomado consciencia de esta situación.

Círculo de la vida

"No puedes dar en el blanco si no sabes cuál es."

Tony Robbins

La buena noticia es que ya tienes información, ya estás tocado e invitado a que tomes el volante de tu vida para que no lleves un chófer al frente (inconsciente) que te lleve a donde él quiere, sino que vayas a donde tú quieres llegar.

Imagina que vas de viaje y arribas a una ciudad, pueblo o tal vez un lugar completamente despejado de señales y de todos estos medios y aplicaciones que tenemos ahora al alcance da nuestra mano. Existen varias opciones: o qué tengas cobertura para éstos, o que haya señal de recepción, o que seas de otros tiempos y que lleves tu mapa o busques uno en la localidad en donde estás, en fin, son muchas las maneras que tienes para llegar al punto de interés que tienes en tu mente. Sea cuál sea el medio que elijas utilizar, todos tienen un punto en común. ¿Te imaginas cuál es? Correcto: primero tienes que saber en dónde estás, para que puedas avanzar en la dirección adecuada.

De nada sirve comenzar a caminar si no sabes en dónde te encuentras, así sucede en tu vida. Como sabes, para ir de un punto A a un punto B, puede ser de muchas maneras, en línea recta, con curvas, con obstáculos, con subidas y bajadas, sin embargo, lo importante es saber en dónde estás y sobre todo cómo estás y cómo te sientes al respecto.

Todos tenemos nuestra voz interna, nuestro GPS[2] natural, como le llamo yo: nuestra intuición y nuestra consciencia. Ambas requieren de práctica y entrenamiento, ya que este mundo de inmediatez en el que ahora vivimos, nos ha orillado a actuar sin pensar, sin consciencia y sin intuición.

Por ejemplo, las famosas palomitas azules en los mensajes de las redes sociales nos llevan a hacer una serie de historias que la ficción se queda corta. Todos podríamos ser grandes directores de películas u obras de teatro, si tuviésemos la capacidad económica para ello. Por ejemplo:

Primer acto: se envía un mensaje, una palomita indica que fue enviado con éxito, sonreímos. Sin embargo, inmediatamente esperamos que aparezca la segunda palomita, la cual tarda un microsegundo en ser visible y listo, estamos en paz. Pero no, prontamente esperamos que cambie de color, de un gris a un azul, si no ocurre ya empieza la película en nuestra pantalla mental digna de un melodrama y de palomitas de maíz, entonces tu ego hace su aparición espléndida:

---

[2] Se conoce como GPS a las siglas "Global Positioning System" que en español significa "Sistema de Posicionamiento Global" El GPS es un sistema de navegación basado en 24 satélites (21 operativos y 3 de respaldo), en órbita sobre el Planeta Tierra, que envía información sobre la posición de una persona u objeto en cualquier horario y condiciones climáticas.

"¡Ya le llegó el mensaje y no lo lee!", "¿Por qué no lo lee?" "¿Acaso no me ha dicho que soy muy importante en su vida?" "¿Qué o quién puede ser más importante que yo?" "¡Lo bueno es que me quiere, que si no, imagínate!", etc., etc., etc.

Segundo acto: Por fin aparecen las palomitas azules.... Suspenso, está en línea, se ve que está escribiendo, parece un texto largo y... No recibes respuesta a tu tan anhelado mensaje. Arde Troya y lo que tengas a tu alrededor: aparición magistral de tu ego. "¡Me leyó y no me contestó!" Y es aquí en dónde hago un alto y te pregunto: ¿Estás seguro de que te leyó?" La realidad es que ciertamente no lo sabes, alguien te dijo que así funciona, pero no es garantía de que haya leído tu mensaje. U otra hipótesis es: sí leyó tu mensaje y no puede o no quiere responder. Lo cual le da la maravillosa oportunidad a tu ego de que haga su tercera aparición magistral: "Yo que me desvivo por ti y ni me tomas en cuenta."

Todo esto desde un solo lado de la cadena de la comunicación, del lado del emisor, cuando el receptor ni enterado de toda la película que has montado en tu pantalla mental y que cuando ose responder, recibirá una serie de improperios que no sabrá ni de dónde vienen. No te preocupes, eso pasa en otros planetas, aquí no, sólo me han contado.

Yo sé que a ti no te ha pasado esto, que tú eres una persona racional que toma la vida desde un punto de equilibrio y el justo medio, que no te domina el inconsciente. Sin embargo, si eres como la mayoría de nosotros, bienvenido a la nueva etapa de tu vida, ya tienes información que puede llevar tu existencia a otro destino, al que realmente quieres y no al que pensabas que querías.

Lo primero, como te lo había mencionado, es saber en dónde estás ahora, para que sepas tomar el rumbo correcto que te lleve al destino que estás visualizando: un relación más honesta y comprometida con la persona más importante en tu vida: tú.

"La idea es convivir contigo primero,
disfrutarte, amarte, perdonarte.
después estarán en condiciones
en compartirte con alguien más."

Ivonne Jurado

Para ello en total confianza y sin mentirte, es importante que comprendas que el ego es especialista en comprar gangas mentales y ocultarte información, para que te lamentes de tu vida y juegues el papel de víctima, que no te responsabilices de tus decisiones, pues con ello, siempre obtiene ganancias secundarias que lo mantienen en la zona de confort, aunque esta zona sea mínima, es de confort y no le implica el menor de los esfuerzos. Más adelante ahondaremos en este tema.

Ahora, tomarás un pluma o lápiz, o lo que te permita escribir y realizarás el Círculo de la Vida que aparece a continuación. La distinción está en que no hay bueno ni malo, es lo que es. Es como estás ahora y qué tan satisfecho estás o si no lo estás en absoluto. ¿Quién dice que tan satisfecho estás? La respuesta es simple: tú intuición y tú consciencia.

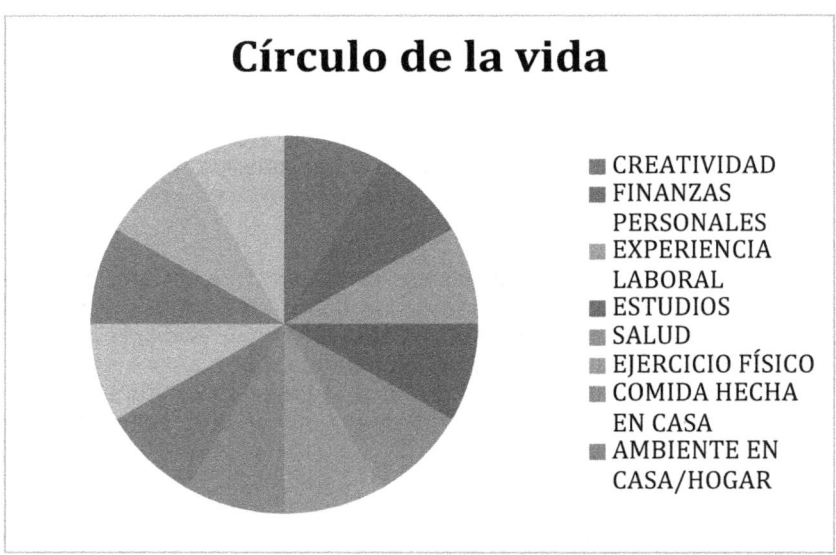

Círculo de la vida

- CREATIVIDAD
- FINANZAS PERSONALES
- EXPERIENCIA LABORAL
- ESTUDIOS
- SALUD
- EJERCICIO FÍSICO
- COMIDA HECHA EN CASA
- AMBIENTE EN CASA/HOGAR

Para conocer el punto de tu vida en el que te encuentras ahora, tienes que hacer lo siguiente:
1. Dibujar del centro hacia afuera 10 puntos, en una de las líneas de cada color, siendo el centro el número 0 y así sucesivamente hasta llegar al número 10, el cual estará en el borde del circulo.

2. Una vez hecho lo anterior, en total honestidad contigo mismo/a, sin engañarte, pues este ejercicio es vital, ya que te dará la certeza de tu situación actual, vas a poner el punto en el cual te sientes, no que piensas, que sientes, en el cual estás. Por ejemplo: Finanzas personales, ¿cómo te sientes en finanzas personales? ¿Sientes que estás bien? ¿Sientes que estás pésimo? ¿Sientes que estás bien y puedes mejorar? Una vez que sepas cómo te sientes, colocarás la calificación que te das. Recuerda que esto es sólo para ti y tus ojos.
3. Cuando acabes de calificar cada área de tu vida, entonces unirás todos los puntos para que veas gráficamente cómo te encuentras en estos momentos.

Ahora, responde estas preguntas para complementar el ejercicio.

¿Qué notaste?
_____
_____
_____
_____
_____
_____
_____

¿Qué tan balanceada está tu vida en este momento?
_____
_____
_____
_____
_____
_____
_____
_____
_____

¿Qué tan satisfecho te encuentras con este balance?
_____
_____
_____
_____
_____
_____
_____

¿Qué deseas cambiar?
_____
_____
_____
_____
_____
_____
_____

¿Qué secciones son más importantes para ti?
_____
_____
_____
_____
_____
_____
_____

¿Realmente es importante en lo que te calificaste bajo?
_____
_____
_____
_____
_____
_____
_____

Si quisieras hacer algún cambio, ¿realmente te vas a comprometer a ello?
_____
_____
_____
_____
_____
_____

¿Cómo va a impactar esto en tu vida?
_____
_____
_____
_____
_____
_____

¿Cómo sería tu vida si realizas este cambio?
_____
_____
_____
_____
_____
_____

Recuerda que aquí no hay respuestas incorrectas o correctas, mucho menos cabe la comparación con tu vecino, tu amigo, tu compadre o tu familia. Aquí se trata que seas honesto/a contigo mismo/a, para que si así lo eliges, un cambio en tu vida esté esperándote después de tus acciones.

Pongamos un poco de contexto, ya que usamos tantas veces la palabra honestidad, que en ocasiones la ocupamos deshonestamente.

La honestidad, del término latino honestitas, es la cualidad de honesto, por lo tanto, la palabra se refiere a aquél que es decente, decoroso, recatado, pudoroso, razonable, justo, probo, recto u honrado, según el diccionario de la Real Academia de la Lengua Española. Lo honestidad es una cualidad humana que consiste en comportarse y expresarse con sinceridad y coherencia, respetando los valores de la justicia y la verdad. Es un valor humano que significa que una persona que la tenga, no sólo se respeta a sí mismo, sino también al resto de sus semejantes. Es una pieza clave en todo tipo de relaciones, ya que es eje de la amistad, en la familia, en una relación amorosa, en el trabajo o cualquier tipo de relación social o individual, entendiendo por esta última, la relación que tienes contigo mismo/a.

El filósofo chino Confucio (551 A.C. - 479 A.C.) distinguió tres niveles de honestidad.

- En un nivel más superficial denominado Li, incluye a las acciones que una persona realiza con el objetivo de cumplir sus propios deseos, tanto a corto como a largo plazo, demostrando sinceridad.
- En un nivel más profundo está el Yi, donde la persona no busca su propio interés, sino el principio moral de la justicia, basándose en la reciprocidad.
- Por último, en nivel más profundo es el Ren, que requiere de auto comprensión previa para comprender a los demás.

Es así como puedes llevar a cabo este ejercicio, en honestidad contigo mismo/a, quien obtendrá el beneficio serás tú. Si no lo hiciste, si lo hiciste sólo por hacerlo o si consideras que no fuiste totalmente honesto, te invito a que lo hagas una vez más. Cuando lo hagas así lo sabrás, sentirás esa satisfacción que sólo tú sabes, cuando cumples con integridad lo que te propones. Es la única manera en que estarás en condiciones de avanzar en tu vida, iniciando así, el despertar de tu consciencia.
En el Taller vivencial de **"Consciencia emocional y sexual"**, al que puedes asistir si quieres, tu experiencia será enriquecida. Te invito a que asistas.

Alimenta tu mente

"El inconsciente no tiene sentido del humor, no filtra, no utiliza anestesia".

Ivonne Jurado

Nadie ha nacido puro e inmaculado, y con esto me refiero más allá de la creencia religiosa del pecado original. Al leer la palabra pecado nuestra mente en automático la relaciona con palabra culpa, lo cual inmediatamente genera un sentimiento de dolor o nada placentero, que es otro artilugio del Ego para tenernos atrapados. Si la cambiamos por la palabra información original, en automático nuestra mente cambia de creencia, pues sabemos que la información es conocimiento.

¿Te das cuenta como un simple giro de pensamiento o de una palabra cambia la percepción de una creencia? Así funcionamos y aplica para todo.

La mente es como un jardín[3], por ello es elemental tener conciencia de cómo elegimos abonarlo, para que tengamos el jardín que realmente queremos y no el jardín que nos alcance tener. Todo lo que dices afecta, todo lo que te han dicho y te siguen diciendo forma parte de ti, por ello es de radical importancia que elijas qué quieres que abone tu jardín y qué no aceptas más en tu vida.

Según estudios recientes, tenemos alrededor de 100,000 pensamientos diarios, ahora ya sabes quién ha tomado las decisiones de tu vida: el inconsciente.

David Gaona en su libro "Piensa como millonario" nos ilustra de manera sencilla lo siguiente:

---

[3] **James Allen, en "Como un hombre piensa"**

Lo cual se traduce en que toda palabra venga de donde venga, forma parte de los programas mentales. Llega al inconsciente, quien no tiene sentido del humor, todo lo toma literal, sin filtro y sin anestesia, lo envía al lado racional, el cual ya cuenta con un programa que comienza a procesar, dando origen a un pensamiento que ya lleva juicios e información que fue traspasada a ti por tus ancestros y demás personas que te rodean. Este pensamiento genera un sentimiento al respecto, se puede decir que pasa por el sistema límbico, recuerdas ese momento en el que estás en el puente, "pensando" en caminar da un lado o al otro, pues es el justo momento que un sentimiento te lleva a la acción. Tienes que estar consciente de que la inacción también es una elección, ya que estás eligiendo no actuar. Las acciones diarias nos llevan a generar y crear hábitos, los hábitos forman el carácter y el carácter da forma a tu destino.

Sí. Si a tu mente vino el viejo y conocido dicho:

"Tú eres el arquitecto de tu propio destino"

Es una realidad. Tienes que entender que cuando realmente aceptes que la ropa que usabas de niño ya no te queda, que eres un adulto en cuerpo de adulto, entonces estarás en el camino de la autorresponsabilidad.

¿Sabes qué gasta mucha energía de tu día a día? Estar viviendo y criticando vidas ajenas, recuerda que el inconsciente no filtra, no tiene anestesia y no distingue, para él todo es real. Así que si estás haciendo el deporte nacional por excelencia: criticar; estás viviendo lo que estás criticando, por ello terminas agotado en las noches, sin ganas de hacer nada más.

Probablemente estés pensando, "no, esto no me sucede a mi". La invitación es que no me creas nada, la invitación es que lo experimentes conscientemente. Si quieres, puedes hacer este experimento: por 21 días no critiques a nadie, ni amigos, ni compañeros de trabajo, ni familia, ni pareja, ni hijos, ni gobierno, ni a ti mismo. Empieza un día con esa meta y al día siguiente igual y así sucesivamente. Claro que como tu mente tiene el hábito de criticar, en algún momento lo vas a estar haciendo, no te preocupes, en el justo momento que lo haces consciente, es en donde empieza el verdadero cambio.

Recapitulando

Es importante que lleves a cabo estos sencillos pasos para que cambies tu vida, si quieres que así suceda. La fórmula se llama UBICA.

- Utiliza lo que ya pasó.
- Bendice tu vida.
- Inconsciente.
- Círculo de la Vida.
- Alimenta tu mente.

Primero: Utiliza lo que ya pasó. Utiliza toda esa experiencia de vida con un propósito, para lo que haya ocurrido no fuera en vano, algún sentido debe de tener, porque si no lo haces así, lo más probable es que te vuelva a ocurrir.
Segundo: Bendice tu vida: todo, y dije todo, lo que te ha ocurrido, nada es por casualidad y cuando le cambias el enfoque, le cambias la energía. Por ejemplo, qué tal si en lugar de usar la frase "relaciones tóxicas" utilizas la frase "relaciones maestras", le quitas la connotación que lleva lo tóxico y le agregas la connotación que tiene la palabra "maestra", que no me dejarás mentir, te invita a que aprendas.

Recordarás que el Inconsciente ha tomado la mayoría de las decisiones en tu vida, por ello es muy importante que recuerdes este tercer paso, porque sólo si lo tienes consciente, serás capaz de tomar el volante de tu vida.

Si no sabes en dónde estás, mucho menos sabrás hacia dónde ir, por el ello en el Círculo de la Vida, que es el cuarto paso hiciste un alto en el camino, fuiste a tu interior para saber en dónde te encuentras y descubriste qué áreas de tu vida son importantes para ti y quieres cambiar.

En el quinto paso Alimenta tu mente, adquiriste consciencia que todo importa, tus palabras generan un programa, el cual crea un pensamiento que lleva a un sentimiento. Cualquier sentimiento lleva a la acción, una acción repetida genera un hábito el hábito forma tu carácter y tu carácter forma tu destino.

Pasos a seguir

1. Escribe 10 situaciones que marcaron tu vida.
2. Escribe una carta de agradecimiento a mamá y a papá.
3. Escribe una carta de agradecimiento para ti.
4. Escribe 20 cosas que agradeces todos los días.
5. Escribe 30 nombres de personas a las que agradeces lo que han hecho por ti.
6. Harás una llamada diaria a cada uno de ellos para que sepan lo que hicieron por ti.

Capítulo 2

Nada es por casulidad

Nada, absolutamente nada en tu vida ocurre por casualidad. En el momento que adquieres esta consciencia, sabrás que eres la fuente de todo lo que sucede en tu día a día.
Vives en un ambiente psicosocial, así que en el entendido que somos energía y resonamos, todo lo que te afecta lo estás provocando tú. Tanto en lo social como en lo material. Se trata de poner atención en lo que estás pensando y sintiendo cuando te ocurren los "accidentes", o cuando algo se descompone en tu casa, o en tu coche o en tu día a día.

En el Taller **"Consciencia emocional y sexual"**, hacemos referencia a este tipo de situaciones, compartiendo experiencias de vida en lo cual comprobamos que es así. Puedes inscribirte y ver las próximas fechas en mi página de Facebook Coach Ivonne Jurado.

La fórmula para que comprendas que nada es por casualidad es: CARENCIA.

- Conoces a personas.
- Amor y su diversidad.
- Relaciones.
- Eliges inconscientemente.
- Novedoso.
- Creas una expectativa.
- Intuyes y no lo valoras.
- Accionas sin escucharte.

Conoces a personas

A lo largo de tu paso por este plano terrenal, conoces a personas en diferentes ámbitos y por diferentes causas o circunstancias, con ellas desarrollas diferentes tipos de relaciones, algunas son sin que las elijas, como padres, hermanos, otras están en tu campo de elección como tus amigos o tu pareja.

Las relaciones humanas son la clave para conocernos a nosotros mismos, siempre tenemos cuando menos una relación en nuestras vidas. Tengas o no tengas una relación de pareja en estos momentos, hablando de alguna relación con la que quieras compartir tus mañanas o tus noches, tus alegrías o tus fracasos, sabes lo que es estar en pareja.

También existen las relaciones con compañero de trabajo, del club, de la escuela y con amigos y has experimentado diversas clases de amor. Gracias a todas las relaciones que has tenido y tienes en tu vida, te ha sido posible conocerte.

Amor y sus clases

"El amor no se explica, no se deletrea, no se justifica, sólo se siente".

Ivonne Jurado

El amor, el amor, el amor... Tal vez una de las palabras más dichas por la humanidad en todas sus expresiones e idiomas, forma parte de innumerables canciones, momento de vida, en cada hijo, en cada padre o madre, en cada relación sea cual sea. Si recuerdas, andabas en automático por el mundo, hasta ahora. Tal vez no te habías puesto a pensar en lo que es el amor, aquí entraremos en contexto nuevamente.

Al tratarse de un tema tan abstracto, complejo y subjetivo, es difícil establecer una definición precisa del amor. Sin embargo, puede ser considerado como un conjunto de comportamientos y actitudes que resultan desinteresados e incondicionales, que se manifiestas entre seres que tiene la capacidad de desarrollar inteligencia emocional.

También se considera como un sentimiento de afecto universal que se tiene hacia una persona, animal o cosa.

Otro aspecto es el que hace referencia a un sentimiento de atracción emocional y sexual que se tiene hacia una persona, con la que se desea tener una relación de convivencia.

Las expresiones de amor son infinitas: van desde las palabras de amor, mensajes, abrazos, besos, hasta el comprar regalos para alguien o cocinar, mantener limpio el espacio de convivencia, o simplemente estar cuando el ser amado lo requiere.

El amor como valor es uno de los más importantes, ya que es la fuerza que nos impulsa para hacer las cosas bien, se considera que este valor por sí mismo, tiene muy clara la diferencia entre el bien y el mal.

También es un sentimiento moral, pus nos induce a actuar bien en nuestra vida y con las personas que amamos, nos lleva a tener una vida plena de paz, tranquilidad y alegría, por consecuencia, un bienestar para nosotros mismos. [4] Como puedes observar el amor es una fuerza creadora que hace que las cosas sucedan, es intrínseco a la raza humana, es una experiencia que se vive día a día.

Sólo tienes que recordar algo de vital importancia: la persona a la que debes amar primero es a ti mismo, pues una persona que se ama a sí misma se respeta y al hacerlo, lo refleja en los demás.

"Cuando el amor es la norma, no hay voluntad de poder, y dónde el poder se impone, falta el amor."

Dr. Carl Gustav Jung

---

[4] "Amor". En: SIGNIFICADOS.COM. Disponible en:
https://www.significados.com/amor/

Tal como te has dado cuenta, a tu mente han venido muchas imágenes al leer la palabra amor, tenemos muchos programas al respecto de esta palabra, así como muchas clases o tipos de amor, ya que puede ser interpretado de diferentes maneras, según el contexto y la relación sentimental de la que se trate.

En la antigüedad los griegos se dedicaron a buscar distintas maneras de entender y explicar lo que es el amor y cómo lo vive el ser humano, llegando a la conclusión que es el responsable de muchas de nuestras acciones, decisiones y estados de ánimo. Por ello, propusieron cuatro tipos o clasificaciones de amor, para explicar tan abstracto sentimiento: Eros, Storgé, Philia y Ágape.

Eros

En la mitología griega, Eros es el Dios que simboliza el amor romántico, pasional, erótico e impulsivo. Puede ser el primer paso para llegar a un amor más profundo y duradero si se sabe canalizar su intensidad. Este tipo de amor se caracteriza por experimentar la atracción física, sexual e instintiva, se relaciona con el amor efímero, que se genera al inicio de una relación, se idealiza el momento mezclando el deseo y la atracción sexual. Este tipo de amor, al ser altamente impulsivo y carnal puede conllevar infidelidades.

Storgé

Los griegos clasificaron como Storgé al amor fraternal, amistoso y comprometido. Es un amor que se crece a lo largo del tiempo y se refleja en las relaciones familiares y de amistad, caracterizándose por ser un amor leal y protector. Storgé es un amor que implica tiempo, que las personas emplean para conocerse y gran compromiso. Como es una relación entre dos seres vivos, este tipo de amor se puede dar entre personas y mascotas.

Philia

Se denomina como Philia al amor que existe entre amigos, el amor al prójimo que busca el bien común y se expresa a través del respeto, la solidaridad, cooperación y compañerismo. Se caracteriza por ser desinteresado y que se alegra cuando el otro es feliz y está bien. No involucra el amor pasional ni la atracción sexual.

Ágape

Los griegos denominaron como Ágape al amor más puro e incondicional que existe. Se refiere a un amor que nutre, generoso, consciente de sus deberes, un amor espiritual y profundo, cuya prioridad es el bienestar del ser amado.

El amor Ágape se caracteriza por ser universal, es decir, es el amor que se tiene a una persona, animal, naturaleza, deidad. No es pasional, incluso, quienes aman de esta manera, están dispuestos a apartarse de la relación por el bien del ser amado, se rinde si es necesario. No busca placer propio, al contrario, encuentra satisfacción al dar amor, por lo cual se considera un amor sensible, tierno, cuidadoso y amable.[5]

Con estas bases que los griegos tuvieron a bien sentar, es cómo podrás entender y empezar a diferenciar esas etapas del amor que has experimentado a lo largo de tu vida, además de comprender el amor que otros te han dado y no habías sido capaz de entender.

Las personas amamos de diferentes maneras y en diferentes etapas, lo que sucede a menudo es que queremos aferrarnos al pasado, a un bonito e inmejorable recuerdo o momento de vida, olvidando el eterno presente sin agradecer al eterno pasado por lo experimentado. Lo que ocurrió ya ocurrió, y aunque te aferres en querer re vivirlo (porque ya está experimentado) no va a ser posible.

Un ejemplo de lo anterior es cuando por alguna circunstancia terminas una relación, pasa el tiempo y vuelves a ver a esa persona con la que viviste momentos inolvidables y mágicos. Tu mente inmediatamente te lleva a recordar esas sensaciones, pues ya sabes lo que dicen: podrás olvidar lo que te dijeron, podrás olvidar lo que te hicieron, pero nunca podrás olvidar cómo te hicieron sentir. Entonces qué piensas inmediatamente: ¿y si vuelvo a estar con él o ella para volver a sentir lo mismo? ¡Qué crees! Te tengo noticias, eso no va a ocurrir, por dos sencillas razones:

- Ya no eres la misma persona, has tenido cambios, has tenido otras experiencias, tu momento de vida es otro.

- Estarás en el momento presente, añorando un momento pasado.

---

[5] "Los 4 tipos de amor según los griegos y su significado". En: *significados.com*.

Con lo anterior no te estoy diciendo que no la vas a pasar genial, tal vez la experiencia sea mucho mejor. Sin embargo para que eso ocurra, requieres mínimo dos cosas:

- Estar consciente que lo que vas a vivir va a ser diferente.
- Entregarte en cuerpo, mente y alma a disfrutar el momento.

En la actualidad y para fines prácticos, podemos encontrar una clasificación más amplia de los diferentes tipos de amor:

- Amor Romántico: es aquél que tiene como ingrediente principal a Eros, nos demuestra la atracción física, sexual y hormonal.

- Amor Pragmático: es aquél que se siente hacia un país, a la tierra que te vio nacer, al trabajo o empresa a la que perteneces, a las compras, a la comida o a un oficio o pasatiempo.

- Amor Altruista: es aquél que experimentas hacia una causa, Dios o religión.

- Amor Obsesivo: es aquél que manifiestas a través de los celos o emociones inestables.

- Amor Fraterno: es aquél que sientes con los amigos, compañeros de trabajo o de alguna organización, incluso con tus vecinos.

- Amor Familiar: el que sientes con tus hijos, padres o hermanos.

- Amor Propio: es lo que sientes hacia ti mismo, es el que tienes la voluntad para quererte, es la aceptación, el respeto, las percepciones, el valor, los pensamientos positivos y consideraciones que tienes hacia ti mismo. Cuando eres capaz de reconocerlo es que has alcanzado el equilibrio entre la autoestima y estado anímico.

El amor forma parte de la vida, parte de esta experiencia terrenal, está en nosotros y en nuestra información genética, en el inconsciente individual y colectivo por años y años. Seguirá mientras la raza humana se mantenga viva.

Relaciones

> **"Nos atraemos por nuestras feromonas, nos quedamos por nuestras carencias."**
> **Anónimo**

Dentro de las necesidades del ser humano, está amar y ser amado, es aquí en donde comienza toda la historia de las relaciones por las que has pasado hasta ahora, todos esos sabores y sinsabores que te han llevado ver y a vivir las relaciones como las has experimentado.

Sin embargo, ya no eres la misma persona de hace unas horas, ya tienes información que antes no tenías, o tal vez sí y la habías olvidado o sólo la estás reafirmando.
Veamos gráficamente las relaciones, ya que como dicen, habla más una imagen que mil palabras, además de que el cerebro recuerda más de esta manera.

Este es un modelo de Robert Sternberg, psicólogo que publicó una obra muy influyente en la psicología del amor (Sternberg, 1988) definiéndolo como la interacción de tres elementos. En 2016 amplió esta propuesta y le añadió la subteoría del "amor como una historia", que explica el modo de cómo las relaciones evolucionan. Sternberg encontró que las relaciones que funcionan muestran tres componentes:

- Pasión
- Intimidad
- Compromiso

La ausencia de cualquiera de ellos, convierte la relación en otra cosa que no podemos llamar amor. Sternberg define estos elementos de la siguiente forma: [6]

- Pasión: "La pasión se refiere a los impulsos que conducen al enamoramiento, la atracción física, la consumación sexual y otros fenómenos relacionados en la relaciones amorosas, un estado de búsqueda intensa de la unión con el otro. La pasión sería no solamente la atracción sexual (el deseo físico), sino también el deseo psicológico y la necesidad de la presencia del otro aunque esta presencia sea simbólica, (tenerlo en mente, pensar en él, priorizarlo)."

- Intimidad: "Sentimiento de cercanía, conexión y vinculación. Incluye aquellos sentimientos que dan lugar a la experiencia de calidez en una relación. Según Sternberg, esta intimidad puede expresarse hasta de diez formas diferentes (comunicación íntima, comprensión mutua, compartir las propiedades, desear promover el bienestar el otro, etc.) La intimidad es el componente que implica la total aceptación del otro, el nivel máximo de confianza y proximidad."

- Compromiso: "En el corto plazo se refiere a la decisión de que uno ama a alguien concreto y, a largo plazo, a que uno se compromete a mantener ese amor. Compromiso es un proyecto de vida compartido, un estilo de vivir con el que ambos miembros de la pareja se identifican y con el que ambos, sin obligaciones externas, deciden comprometerse para llevarlo a cabo".

Es así como Sternberg ve el amor y las relaciones. Ahora tendrás la etimología y el significado de cada palabra, para que te quede completamente claro.

- Pasión: La palabra pasión proviene del latín passio y este del verbo pati, patior (sufrir, padecer, tolerar). La palabra pasión indica lo contrario a la acción, es decir, un estado pasivo. En otro sentido, se conoce como pasión a la afición vehemente hacia algo y la inclinación muy fuerte de alguien hacia otra persona. El primer caso explica cuando existe una fuerza interna que mueve al individuo a hacer lo que su vocación o propósito de vida le dicta. En el segundo caso está asociado al amor y a la atracción sexual. Dos personas apasionadas dejan de lado la racionalidad y se comportan de manera emocional. Es importante subrayar que cuando una persona responde a su pasión, su principal intención es satisfacer su

---

[6] Sternberg, 2006. p.185

deseo y expresar sus sentimientos sin restricciones ni límites.

- Intimidad: Procede del latín y exactamente del adverbio intus, que equivale a "dentro". Se puede decir que la intimidad es dejar que otra persona traspase tus fronteras, ya sean físicas o emocionales. Es una zona abstracta que solamente se reserva para unas cuantas personas, generalmente, pareja, familia y amigos. Son actos o sentimientos que se mantienen alejados del público en general, es importante mencionar que está protegida por la ley y los derechos humanos. Ciertos actos pertenecen a la esfera íntima de cada individuo, tal es el caso de la sexualidad, es por eso que las relaciones sexuales se conocen como relaciones íntimas.

- Compromiso: deriva del término latino compromissum y se utiliza para describir una obligación que se ha contraído o una palabra ya dada. También se define como una promesa o una declaración de principios. Es como un contrato que no necesita ser escrito. Se dice que una persona se compromete cuando se implica al máximo en una labor, en una relación o en un proyecto, poniendo todas sus capacidades para conseguir el buen funcionamiento de la relación, grupo, empresa o sociedad.

Creado en contexto adecuado, ahora te explicaré el diagrama de Venn[7] de las relaciones, según Sternberg.

---

[7] Un diagrama de Venn usa círculos que se superponen u otras figuras para ilustrar las relaciones lógicas entre dos o más conjuntos de elementos.

- Solamente pasión: si cuando estás con una persona y te invade la pasión, sucumbes al deseo y la lujuria, entonces se le llama: sexo de una noche.

- Solamente intimidad: cuando compartes con alguien algún momento íntimo de tu vida, alguna confidencia con un amigo.

- Solamente compromiso: cuando compartes con un compañero de piso la renta, con un socio algún negocio, con tus compañeros de equipo o de tu trabajo algún proyecto.

- Pasión e intimidad: si con algún amigo que ya tienes intimidad se enciende la llama de la pasión o viceversa, si con quien tuviste una noche de pasión, se empieza a tener actividades juntos, a sentirse cómodos uno en la compañía del otro.

- Pasión y compromiso: es cuando se tiene una aventura o un amante, ya que el interés es puramente sexual y existe el compromiso de volverlo a repetir, ya que el sexo es muy bueno. Este caso se ve si es una aventura fuera de la pareja: no se va a iniciar una convivencia, hay pasión y hay compromiso, pero no se dan situaciones de intimidad emocional.

- Intimidad y compromiso: es igual a un compañero de vida, aquí caben las parejas que llevan muchos años de convivencia, pero que la pasión se perdió. Es el típico caso de los matrimonios por conveniencia, en donde no hay pasión de ningún tipo, por más de que la relación pueda ser cordial, amable y comprometida.

- Relación de pareja: es en donde se encuentran presentes los tres elementos: pasión, intimidad y compromiso.

Es así, si por alguna razón te han platicado, o sabes de alguien que ha estado en algún tipo de relación anterior, o te ha pasado a ti, ya sabes el porqué tu relación se ha quedado en un lado de la triada y no ha quedado en el centro.

A falta de uno de estos elementos la realidad es la que ves, no esperes que cambie por arte de magia, hay realidades que solo cambiarán cuando les pones el nombre adecuado y las aceptas, la aceptación es el pilar o el principio de todo cambio. Es tu elección cómo quieres experimentar esta vida, es tu elección aparentar una vida y vivir otra, ésa que sólo tú sabes, la que tu consciencia y tu voz interior te dicen que no puede ser así, que seguro hay algo más hermoso para ti. Esa vida que sólo si te atreves, confías en ti, en Dios (para fines prácticos lo llamaré así de ahora en adelante, recuerda que puedes llamarle como quieras, (Universo, Vida, Creador, Mente Creadora, Ser Superior), este no es un libro de religión ni mucho menos), puedes tener una experiencia de vida que vaya acorde a lo que quieres que sea.

Recuerda que no hay bueno ni malo, ni mejor ni peor, sólo está lo que a ti te haga dormir tranquilo en las noches y te de energía para levantarte en las mañanas. La invitación es que hagas lo te que tengas que hacer para que los demás quieran estar a tu lado por voluntad propia, no porque así lo dice la tradición o por el qué dirán.

Y lo más importante, que tú estés con quien quieras estar, así sea en solitud[8], en compañía de alguien más, con pareja o sin

---

[8] Es conveniente diferenciar entre **solitud** y **soledad**. **Soledad** es el sentimiento del que se siente solo. **Solitud** es **estar solo**. La solitud es recomendable por un margen de tiempo, ya que permite a cualquiera

ella, con familia o sin ella en cada etapa de tu vida. Recuerda que nada es eterno, lo que hace la diferencia es estar y ser coherente y congruente en el pensar, decir, hacer y accionar, además de que la completud forma parte de ti desde siempre. La palabra completud nos remite a la palabra completitud[9].

> *"A través del orgullo nos engañamos a nosotros mismos. Pero en el fondo, debajo de la superficie de la consciencia promedio, una voz suave y apacible nos dice que algo está fuera de tono."*
>
> Dr. Carl Gustav Jung

Corazón de ratón

Cuenta una antigua fábula india que había un ratón que estaba siempre angustiado, porque tenía miedo al gato. Un mago se compadeció de él y lo convirtió... en un gato. Pero entonces empezó a sentir miedo del perro. De modo que el mago lo convirtió en perro. Luego empezó a sentir miedo de la pantera, y el mago lo convirtió en pantera. Con lo cual comenzó a temer al cazador. Llegado a este punto, el mago se dio por vencido y volvió a convertirlo en ratón, diciéndole: "Nada de lo que haga por ti va a servirte de ayuda, porque siempre tendrás el corazón de un ratón".

Esta bella historia que reproduce el gran maestro espiritual Anthony de Mello nos ilumina sobre la esperanza: Toda esperanza es del tamaño del corazón que espera.

Hoy, muchos seres humanos sólo esperan tener un buen coche, un empleo bien remunerado, viajes, objetos, posición. Por eso, su esperanza no acaba de motivarlos en profundidad. Encontrase consigo mismo, con sus recuerdos, sus imágenes, sus experiencias. Permite escucharse y cuestionarse a sí mismo.

[9] Cualidad de completo, ta. Del lat. Comple tus, part.
pas. de complēre 'terminar, completar'. 1. adj. Lleno, cabal.
2. adj. Acabado, perfecto.

"Todas mis esperanzas están en mí",
escribió Terencio.

Si recordamos el concepto Ontológico[10] de completud, podemos entender que si nada material ni nadie puede completarnos, la completud viene desde nuestro interior. Es así como entenderás que eres un ser completo, que nada ni nadie fuera de ti te dará la felicidad ni esa sensación que sabes que quieres y que no has encontrado hasta ahora. Cuando aceptas y miras tu interior, te escuchas y eres honesto/a contigo mismo/a, será posible el cambio de paradigma. Viene desde adentro, desde ti.

Eliges

Como ya vimos anteriormente, las elecciones que has tomado hasta ahora, han sido producto del inconsciente, más que del consciente. Piensas que eliges, y sí, eliges inconscientemente lo que requieres para trascender en tu vida.

Existe lo que se denomina resonancias, ya que tal vez has escuchado que somos energía y el 70% de nuestro cuerpo es agua, por lo tanto, es como si anduviésemos emitiendo señales todo el tiempo, hasta que en un momento determinado, alguien en nuestra misma frecuencia, responde a la señal.

Un ejemplo de esto es como si fuéramos teléfonos celulares, cada quien tiene su número, las ondas por las cuales nos comunicamos a través de ellos existen, aunque no las vemos. Si alguien llama y contestamos, estamos conectados. Así sucede con las relaciones, alguien llama a nuestra frecuencia y respondemos. Recuerda que resonamos para trascender y avanzar, es por ello que si te encuentras con lo mismo de siempre es que no has aprendido y mucho menos trascendido la lección.

---

[10] **Ontológico** es el adjetivo que indica que algo es **relativo o perteneciente a la** ontología, es decir, a la rama de la filosofía **metafísica** que **estudia la naturaleza del ser en cuanto ser**, y busca determinar las categorías fundamentales de la existencia y la realidad, así como la manera en que estas se relacionan entre sí. Filósofos como **Parménides** y **Platón** sentaron las bases del **pensamiento ontológico**, que luego **Aristóteles** abordaría de manera más amplia en su libro METAFÍSICA.

Novedoso

Dicen que el amor es ciego. Yo diría que es novedoso en su primera etapa, Más que el amor, lo es el enamoramiento, y como te he mencionado antes, a veces ocupamos las palabras por que el inconsciente colectivo lo hace y no te has cuestionado esta creencia, hasta ahora.

Enamorarse es mucho más sencillo que amar, porque en la etapa[11] del enamoramiento es como si una parte de tu cerebro te llevara a una dimensión que no es real. Cada vez que miras al ser "amado", que más bien es el ser del que estás enamorado, lo encuentras perfecto, quieres que ese efecto dure toda la vida, que esa sensación no termine y lo peor de todo es que crees que así será. Olvidas que el enamoramiento es sólo una parte del proceso para amar a alguien.

Ahora, veamos dónde se siente el enamoramiento y por qué crees que estás en una realidad paralela.

¿Qué es el enamoramiento?

Después de miles de estudios en hombres y mujeres que están dicen estar enamorados, se ha llegado a la siguiente conclusión:

Enamoramiento: Es el aumento máximo de oxitocina, dopamina, testosterona, estrógenos y norepinefrina. Por lo tanto, es una serie de reacciones químicas en el cerebro.

---

[11] El concepto de etapa tiene su origen en el vocablo francés *étape* y puede hacer referencia tanto a una porción del camino de un trayecto específico, como al sitio en el cual se hace una pausa para descansar en el marco de un traslado, o a la fase en el desarrollo de una determinada actividad o acción.

Lamento arruinar tu idea romántica de lo que tu mente estaba esperando leer, solo recuerda que la intención de ese libro es que estés consciente de lo que sucede en tu vida para que elijas con información, no con las hormonas por delante.
Veamos qué hace cada hormona en la etapa del enamoramiento.

- Testosterona: es la responsable del impulso sexual. Los hombres tienen 10 a 20 veces más testosterona que las mujeres. Si eres mujer y te estás preguntando: ¿es por eso que los hombres siempre quieren sexo? La respuesta es sí, la responsable es la testosterona. Además la información que está impregnada en su inconsciente desde el tiempo de las cavernas: la principal función del hombre es preservar la especie y la segunda es ser proveedor. Más adelante ahondaremos en este tema.

- Oxitocina: es la responsable de los lazos afectivos. Así como lo lees, no solamente su función es acelerar el parto o generar la leche materna. Esta hormona sube en la etapa en que la mujer está enamorada, es la que hace que le llames 20 veces o que el escribas otras 50 al ser que en este momento consideras que es lo mejor que ha pasado en tu vida. Es la que en la primera citas ya estés pensando en matrimonio o compromiso. No te preocupes, es un proceso natural, ya que al igual que los hombres con la testosterona, está en el inconsciente colectivo que las mujeres somos las responsables de mantener unida a la tribu, a la familia. Las mujeres la tiene un 30% más oxitocina que los hombres.

- Dopamina: Es el neurotransmisor que afecta al placer y la motivación, a menudo se le denomina la hormona de la felicidad. Si has experimentado el amor a primera vista, entonces tu cerebro estaba produciendo enormes cantidades de dopamina y norepinefrina, los cuales te hicieron sentir como si estuvieras drogado.

- Estrógenos: Es la hormona sexual femenina, que en combinación con la progesterona y en lo que se refiere al deseo sexual, son las responsables de la excitación y la sensación de plenitud.

Cuando estás enamorado y sientes que no puedes comer ni dormir, las responsables son la combinación de una oxitocina elevada y una producción baja de serotonina. La serotonina es un neurotransmisor que nos aporta un alto nivel de percepción de nuestro entorno, así como una sensación de bienestar general.

Dicho lo anterior, sí, el amor es ciego al inicio, en la etapa de enamoramiento, pues como leíste, no se puede pensar ante tal nivel de hormonas en cascada, eres dominado por el deseo de satisfacer lo que la naturaleza te ha encomendado hacer: mantener la especie si eres hombre (tanto en lo reproductivo como en lo material) y a hacer que el clan permanezca unido si eres mujer.

Se trata de vivir la experiencia, es parte de la naturalidad de las relaciones, sólo que se requiere más de un torrente de hormonas a su máxima expresión para que una relación sea duradera. Los expertos recomiendan que para dar el siguiente paso, el que lleva al compromiso, transcurra cuando menos un año o año y medio, para estar en condiciones de tener consciencia de la elección que se está haciendo.

Hay que elegir con todo lo que somos: cuerpo, cerebro, mente, espíritu e intuición. No solamente con las hormonas a tope, en un estado idílico y hasta cierto punto, fuera de la realidad.

Si me preguntas y no sabes qué hacer ante alguna circunstancia, para mí quien tiene el voto de calidad es mi intuición. Una vez que he analizado, pensando, puesto por escrito e imaginado cómo me sentiría ante tal o cual situación, si no logro elegir, entonces sigo el "latido de mi corazón", esa voz interna que todos tenemos, que sabe cómo mantenernos a salvo o guiarnos por el mejor camino: nuestra intuición, la cual está directamente conectada con la fuente del TODO.

Creas una expectativa

Cuando las hormonas suben, la inteligencia baja.

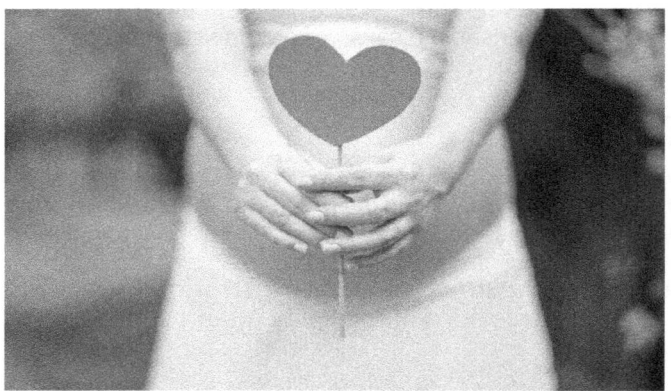

Como recordarás, la oxitocina es la responsable de los lazos familiares, es quien tiene como objetivo entre otras cosas, que la tribu permanezca unida. Cuando se está enamorada, se comenten muchas locuras. Te voy a platicar una historia que pasa en otros planetas, cualquier parecido con la realidad es mera coincidencia.

Casandra era una mujer divorciada con dos hijos, con un trabajo estable que le daba lo suficiente para mantener a flote a su familia. Un día, conoció en una celebración de aniversario de la empresa donde trabajaba, a Jorge, un apuesto hombre que de solo mirarlo, su corazón latió aceleradamente. Lo maravilloso del caso para Casandra es que Jorge al verla sintió lo mismo. Esa misma noche tuvieron relaciones sexuales y los dos quedaron en volverse a ver lo antes posible.

La química de sus cuerpos era perfecta y los dos estaban fascinados e incrédulos de cómo habían sucedido las cosas y los besos. Siguieron así por un tiempo, y Casandra estaba tan enamorada que empezó a descuidar a sus hijos, bajo el argumento que ella tenía derecho a su vida también, lo cual nadie niega. Tal fue su "amor" por Jorge, que dejó de pagar la renta y la colegiatura de la escuela de sus retoños por seguir a Jorge a cuanta convención él tenía, algunas eran en ciudades cercanas y en otras era necesario volar en avión. Todos sus gastos los pagaba ella, ya que se consideraba una mujer independiente y no quería "comprometerse" con Jorge, que dicho sea de paso, al cabo de medio año ya había perdido el interés en Casandra.

Y así, si no estamos conscientes y alerta de las elecciones que hacemos, lo más probable, es que repitas la historia una y otra vez hasta que te quede claro.

Intuyes y no lo valoras

No me dejarás mentir, en repetidas ocasiones te has dicho: "ya lo sabía, no sé por qué actué así". Era tu intuición que te hablaba, no solo te hablaba, te gritaba que le hicieras caso y una vez más, quisiste ser más inteligente que ella, pues te han dicho que hay que pensar muy bien las cosas, lo cual es cierto, sin embargo no te han dicho que parte de la ecuación para tomar una decisión o acción, es la intuición.
La invitación es que la ejercites, la escuches y sobre todo, actúes conforme ella te lo dice, confía, no se equivoca.

Accionas sin escucharte

Si sigues tomando decisiones con los dedos cruzados, sin confiar y sin escuchar tu voz interior, la incongruencia emocional seguirá presente en tu vida y la música que existe dentro en tu SER, no será escuchada por los demás. Dejarás este plano terrenal sin haber cumplido tu propósito de vida.

45

Conecta con tu sentir, da saltos de fe. En un Curso de Milagros existe algo denominado el "Instante Santo". Más allá de la connotación religiosa de la palabra, ya que Un Curso de Milagros lo menos que le interesa es ser religioso, significa que cada instante, en donde tengas que elegir, determinará el rumbo de tu vida. Ya sabes, esos momentos de la verdad a los que a veces o muy seguido te llevan tus elecciones. Son los puntos de no retorno. Esos momentos son instantes santos, es cuando más debes de confiar en tu intuición y sobre todo actuar.

En el Taller *"Consciencia emocional y sexual"*, realizamos visualizaciones para que aprendas a distinguir esos instantes santos que estoy segura, seguirán presentándose en tu vida. Te invito a inscribirte en mi página de Facebook @ivonnejuradocoach.

> "La intuición de una mujer es más precisa que la certeza del hombre."
>
> **Rudyard Kipling**

<u>Recapitulando</u>

La fórmula para que recuerdes siempre que atraemos por las feromonas y nos quedamos por las resonancias en las relaciones se llama CARENCIA.

- Conoces a personas.
- Amor y su diversidad.
- Relaciones.
- Eliges inconscientemente.
- Novedoso.
- Creas una expectativa.
- Intuyes y no lo valores.
- Accionas sin escucharte.

Es importante que cuando conozcas a nuevas personas estés alerta, que calibres tus antenas y auto indagues en tu interior lo que esa nueva persona te provoca, porque tu intuición te está avisando.

Está consciente que existe el amor de diversas formas y que si es amor, nada te obliga a nada y nadie te puede obligar a nada que tú no quieras o aceptes.

Las relaciones siempre van a existir en tu vida, ahora tienes más información para que sean más enriquecedoras y entendibles que antes. Cuando elijas, hazlo con la mayor consciencia posible, ya que cada instante de encrucijada, determina tu destino.

Muchas veces la novedad no pasa de ese estado, novedad. Una vez que termina de ser algo nuevo, como no existe nada más que lo sustenta, se acaba. Está consciente de ello.

Cuando creas expectativas generas ansiedad en el presente, por un futuro que no se sabe si va a llegar, la invitación es que si tienes alguna expectativa la comuniques, ya que nadie es adivino ni tiene la obligación de llenar tus expectativas, las cuales seguramente vienen de tus carencias emocionales.

La intuición es una herramienta fundamental, ejercítala, es como un músculo, entre más la pongas en práctica, mayor será su desempeño.

Acciona escuchándote, utiliza todo a tu alcance, no solamente la parte racional, escucha tu intuición, ya que de no hacerlo, lo más probable es que repitas la historia. Ya sabes lo que dicen: es el mismo infierno, solo cambias de diablo.

Pasos a seguir

1. Escribe 5 situaciones en las que has actuado sin escuchar tu intuición y que las cosas no salieron como pensabas.
2. Escribe 3 relaciones que hayas tenido en la que detectes que te quedaste por tus carencias emocionales. Las carencias limitantes de tu pareja eran complementarias a las tuyas.
3. Escribe qué aprendiste de la relación más dolorosa que hayas tenido en tu vida.
4. Escribe una carta de agradecimiento y bendición para esa persona. Si está viva y tienes oportunidad de verla, hazlo. Si no la puedes ver y existe la forma de enviársela hazlo, siempre y cuando no le provoques una situación incómoda, suponiendo que ya tiene una nueva relación. Si nada de esto es posible, léela en voz alta, agradece y perdona (a ti a ella). Al final di: lo declaro completado.

Capítulo 3

Agradece lo que ocurrió

"El privilegio de una vida es:
convertirse en quien realmente eres."

Dr. Carl Gustav Jung

Ahora que ya tienes una idea cómo llegaste hasta aquí, que la gran mayoría de tus decisiones han sido inconscientes, que sabes en dónde estás, que ya sabes qué es lo que quieres cambiar en tu vida, es hora de facilitarte la siguiente clave para que des el siguiente paso: LA ACEPTACIÓN.

Probablemente tu mente estará pensando, tradúzcase ego: "¿Qué estás diciendo?" "¡Claro que me amo, claro que me acepto!", "¡Yo soy quien soy y no me parezco a nadie!" No te preocupes, es normal. Una de las funciones del ego es cuestionar, las otras son separar y comparar.

La primera parte para hacer un cambio, si lo quieres, es cuestionar tus creencias.

"La creencia es lo que le da cuerpo a los pensamientos."

Un Curso de Milagros

Te has preguntado alguna vez si las creencias son tuyas, o son de tu familia, o son de tus amigos, o son de la sociedad. ¿Te has preguntado de dónde viene o cómo es que ahora crees en lo que crees? A veces o muy seguido diría yo, vamos por la vida en automático, ya que como sabes, es el inconsciente el que toma la mayor parte de nuestras decisiones diarias, ni siquiera nos tomamos un tiempo para respirar, ni siquiera sabemos realmente respirar. ¿Sabes que hay una manera de respirar para que tomes mejores elecciones? ¿Sabes cuántos ciclos tiene el sueño? ¿Sabes cuántas veces late tu corazón en veinticuatro horas?

Te estoy leyendo la mente, y probablemente estarás preguntándote: "¿Todas estas preguntas a qué vienen? ¿Qué tienen que ver?" La respuesta es: ¡Tienen todo que ver! Tienes una máquina maravillosa llamada cerebro que sabe como funcionar sola, sin que tomes consciencia de ella y aún así funciona, te despierta todos los días, te dice cuándo hay que comer, qué hay que comer, cuándo hay que huir de alguna situación, cuándo decir sí, cuándo decir no, lo que ha ocurrido todo este tiempo es que no le has puesto atención y no la has escuchado. En muchas ocasiones has hecho lo que se espera de ti, más no lo que realmente quieres hacer.

Todo lo que te dices, todo lo que escuchas, todo lo que ves, todo lo sientes, va generando la persona que eres ahora, todo queda registrado y saldrá en algún momento de tu vida. Si lo dejas en el inconsciente saldrá de la manera que menos quieras y esperas.

"La mente no puede sentir, requiere del cuerpo para comunicarse con el mundo."

Enric Corbera

Aceptación

Para entender mejor, se requiere entrar en contexto y no dar por sentado las palabras, ya que en ocasiones las empleamos a diestra y siniestra, olvidándonos de su verdadero significado.

Con origen en el término latino acceptatio, el concepto de aceptación hace referencia a la acción y efecto de aceptar. Este verbo a su vez, está relacionado con aprobar, dar por bueno o recibir algo de forma voluntaria y sin oposición.[12] Existen distinciones de vital importancia para que la aceptación ocurra: debe ser voluntaria y sin oposición.

Como sabes, a toda acción corresponde una reacción, esta es la tercera Ley de Newton. Más allá de hacer un curso de física, que no es el caso ni el sentido, es importante que comprendas que la palabra clave aquí es: LEY. Una ley funciona, creas en ella o no, estés consciente de ella o no, tengas conocimiento de ella o no. Tal es el caso de la Ley de la gravedad, existe y punto.

Así funciona si tomas la acción de aceptar. Lo que lo que te haya ocurrido no lo puedes cambiar, ya pasó, lo hecho está hecho y lo dicho está dicho. Lo que sí puedes hacer es accionar, cuestionarte toda esa experiencia acumulada en tu mente y en tus células, para utilizarla como valiosa información de la persona que eres ahora. Las preguntas que guiarán tu accionar son las siguientes:

- ¿Qué funcionó?

- ¿Qué no funcionó?

- ¿Para qué pasó lo que pasó?

- ¿Qué aprendí?
- ¿Qué voy a hacer para que no vuelva a ocurrir?

Al hacerte estos cuestionamientos y los respondas, seguro obtendrás un resultado muy diferente al que hasta ahora has tenido, ya que como decía Albert Einstein:

> "Es de locos querer obtener resultados diferentes haciendo lo mismo."

---

[12] Julián Pérez Porto y ana Gardey. Publicado 2009. Actualizado 2009. Definición.de: Definición de aceptación (http://definición.de/aceptación/)

Para qué empiece a ocurrir lo anterior se requiere que lo apruebes, es decir que lo pongas a prueba. Es aquí en donde entra el acto voluntario, ya que nadie te está obligando a hacerlo, es por tu propia voluntad, si lo eliges, ahora vas a accionar diferente a como lo has venido forjando, situación que te ha llevado a dónde estás ahora.

El otro ingrediente importante es: sin oposición. Cuando aceptas algo es como si bajaras los brazos, ya no luchas, ya no tratas de justificarlo, ya sólo lo sientes en tu corazón y tu alma. Son esos momentos mágicos o milagrosos en los que sientes que eres un todo: cuerpo, mente, alma y espíritu, todo armonizado, te sientes ligero, como si no pertenecieras a este mundo.

Cuando aceptas que hay alguien más, un Ser superior al que le puedes llamar como mejor te apetezca, que hay una TOTALIDAD más grande que tu ego, que vives en ella eternamente, dejarás el dolor atrás, la culpa y el sufrimiento. Es como levantar la cara al cielo, sentir que el Universo te cobija todo el tiempo, que siempre está contigo esperando que confíes en él, ya que solo quiere lo mejor para ti.

Cuando te des cuenta y aceptes que este mundo es para disfrutar y no para sufrir, tu mente empezará a percibir la vida de otra manera, es como el pez que se pasa buscando el agua sin darse cuenta que vive en ella.

"Aquellos que no aprenden nada de los hechos desagradables de la vida, fuerzan a la conciencia cósmica a que los reproduzca tantas veces como sea necesario, para aprender lo que enseña el drama de lo sucedido. Lo que niegas te somete, lo que aceptas te transforma."

Dr. Carl Gustav Jung

Culpa

"El primer castigo del culpable es que su ego lo juzga y no lo perdona nunca."

Como lo dije antes, existen elementos que el ego ocupa para tenerte atrapado en una zona de la cual que tu Ser sabe que quiere salir, seguro te estás preguntando: entonces si realmente quiero salir de donde estoy ¿porqué no lo he conseguido?

Existe algo con lo que vivimos desde que tenemos uso de memoria o de razón: LA CULPA. Te has preguntado ¿De dónde viene la culpa? ¿Quién la inventó? ¿Para qué la inventaron? ¿Qué significa la palabra culpa?

La culpa es una imputación que se realiza a alguien por una conducta que generó cierta reacción. También se conoce como culpa al hecho causante de otra cosa. Y es ahí en donde radica el dolor y el remordimiento porque a veces alguien te ha dicho: "Por tu culpa no he podido ser feliz." "Por tu culpa no hice mi vida." "Por tu culpa no he podido cambiar de trabajo, o no e podido bajar de peso o no he podido rehacer mi vida." Etcétera, etcétera, etcétera.

La culpa es un medio de control por excelencia, a través de mecanismos emocionales, consigue que a las personas que se desea dominar, asuman una culpa que ha sido dictaminada por el poder hegemónico[13].

El sentimiento de culpa es uno de los mayores problemas que invaden nuestra vida. Desde pequeños nos aturden con él, dejándonos ver que nos somos libres y que todo lo que hagamos repercute en la vida de otros, aún si lo que hacemos es auténticamente nuestro.

Nos han enseñado a que la felicidad individual no es importante, que no se puede ser feliz primero en lo individual y después en lo colectivo. Nos han enseñado que está primero el otro y luego estamos nosotros, cuando es al revés. Como estés tú, como te quieras tú, como estés feliz y satisfecho/a contigo es primordial, lo demás sólo será un reflejo de tu propia existencia.
Otra distinción está en cambiar la palabra culpa por la palabra responsable.

Si te paras responsable de tus actos, asumes los resultados de los mismos y obras en consecuencia, el sentimiento es muy diferente a que si haces lo mismo parado desde una posición o sentimiento de culpa.
Recuerda, la invitación es a que cada vez que sientas culpa por algo, la hagas consciente, te cuestiones de dónde viene y cuál sería la diferencia si en lugar de llamarle culpa dijeras: "Soy responsable de…." Ya eres un adulto en cuerpo de adulto, ya te puedes defender, ya puedes expresar lo que sientes o piensas, ya eres capaz de valerte por ti mismo, así que es hora de que dejes el victimismo y te conviertas en el actor y director principal de este sueño llamado vida.

---

[13] **Hegemonía** se refiere a la **dirección suprema**, la **preeminencia** o el **predominio** de una cosa sobre otra.

Además de tener un cuerpo de adulto, la invitación está en que te conviertas en un adulto emocional.

"Todo en la creación es esencialmente subjetivo, y el sueño (la vida)
Es un teatro en donde el soñador es a la vez escenario, actor, Gerente, autor, público y crítico."
Dr. Carl Gustav Jung

El mundo de los opuestos

"La cosa más aterradora es aceptarse a sí mismo por completo."

Dr. Carl Gustav Jung

Vivimos en un mundo dual, por si no te habías dado cuenta, ahora ya lo sabes. Durante toda tu vida has escuchado frases como: "para que una estrella brille se necesita de la oscuridad", "no hay rosas sin espinas", existe lo positivo y lo negativo, la luz y la oscuridad, lo grande y lo pequeño, lo alto y lo bajo, el cielo y la tierra, la lluvia y la sequía, la verdad y la mentira, los hoyos negros y los hoyos blancos, hablando del Universo, el yin y el yang[14].

---

[14] El yin y el yang son dos conceptos del taoísmo, que son usados para representar o referirse a la dualidad que esta filosofía atribuye a todo lo existente en el universo. Describe las dos fuerzas fundamentales opuestas y complementarias, que se encuentran en todas las cosas.

La distinción está en que vivimos con una serie de fuerzas internas que son opuestas y se complementan. Lo cual quiere decir que una no podría existir sin la otra. Ni nadie es tan bueno, ni nadie es tan malo, por decirlo de alguna manera. Ni lo más malo que hayamos hecho, ni lo más sublime nos define, lo que nos define es lo que en medio de esos dos extremos.

La famosa frase: "lo que te choca te checa", describe fielmente lo que hay dentro de ti y que te niegas a aceptar. Un Curso de Milagros establece "Con tu hermano te salvas y con tu hermano te condenas", es así de sencillo. Si todos somos hijos de Dios en este planeta, tu hermano es toda persona con la que convives o te llegas a encontrar en el día a día. En cualquier encuentro, que por cierto, no es casual, tienes una hermosa oportunidad para aprender de ti, de tu estancia en este plano, de tu persona y de tu ser. La distinción es vivir permanentemente alerta y abierto a que todo lo que te ocurra es por tu más alto bien. No ir por la vida en modo automático, sin sentido y sin sentir.

Todo aquello que te genera incomodidad, es esa voz apacible y serena que está dentro de ti que te está hablando y sutilmente te dice: "pon atención aquí, este es el camino." Como ya vimos al inicio, el cerebro reptiliano tiene la función de acercarte al placer y alejarte del dolor, por ello en automático eliges no escuchar esa voz. Recuerda que si hacemos una analogía, el cerebro reptiliano equivale al inconsciente, así que ni cuenta te das el porqué no haces caso a la voz, ya que el reptiliano es reactivo e impulsivo. Cuando tomas consciencia de este hábito empieza a modificarse. Si haces un giro de pensamiento y ese pensamiento lo llevas a la experimentación, verás lo que sucede en tu vida y a tu alrededor.

Es muy probable que hayas escuchado hablar de la novela "El extraño caso del Doctor Jekyll y el señor Hyde". Esta novela fue escrita en 1886 por Robert Louis Stevenson, que trata de un abogado, Gabriel John Utterson, quien investiga la extraña relación entre su viejo amigo, el Dr. Henry Jekyll y el misántropo[15] Edward Hyde.

---

[15] La **misantropía** (del **griego** *miso* 'yo odio' y *anthropos* 'hombre, ser humano') es una actitud social y psicológica caracterizada por la aversión general al género humano. Su **antónimo** es la **filantropía**: amor a los seres humanos.

El libro es conocido por ser una representación vívida de un trastorno psiquiátrico que hace que una misma persona tenga dos o más identidades o personalidades con características opuestas entre sí, haciendo referencia al trastorno disociativo de la identidad (anteriormente conocido como trastorno de personalidad múltiple).

La interpretación que yo le doy es la siguiente: desde un punto de vista dual, y sabiendo que todos tenemos dentro un lado de luz y un lado de sombra, el Sr. Hyde es la parte sombra que el Dr. Jekyll sabe que vive en él y que se niega a aceptar. Curiosamente si le cambiamos una letra al apellido Hyde, y lo escribimos como Hide, la traducción al español es "esconderse". Por lo tanto es una personalidad que el Dr. Jekyll esconde al mundo. Como está reprimida, cuando emerge a la luz lo hace con mucha fuerza.

Imagina una toma de agua para bomberos de las que ves en diversas películas. Como sabes, está llena de agua lista para salir en el momento que la rompen. Es agua contenida que cuando le quitan la tapa, sale con una fuerza desmedida que nada detiene. También puedes imaginar el agua de una presa, está contenida, y ¿por qué crees que no se rompe? Porque cotidianamente libera presión a través de las compuertas, es física pura. Si la aplicas a tu vida diaria y aceptas poco a poco que tienes dentro de ti todas esas características que más criticas o que más te molestan, estarás liberando presión interior. Es así como no saldrán desproporcionadas en algún momento de estrés o de alta presión.

Una vez que las haces tuyas, las aceptas. La diferencia es que ahora ya tienes el poder de elegir accionar: desde tu lado luz o tu lado sombra. Es aquí en cuando hace su flamante aparición el libre albedrío. Si eres consciente de ellos, de tu lado luz y tu lado sombra, tus elecciones serán más auténticas y con un propósito claro y definido. Más adelante hablaremos de lo que es un propósito claro para un bienestar emocional y de paz interior.

> **"El conocimiento de tu propia oscuridad es el mejor método para hacer frente a las tinieblas de los demás."**
> **Dr. Carl Gustav Jung**

"Como es arriba es abajo"

"El perdón es el medio que nos lleva a Dios y que nos permite alcanzarle, mas es algo ajeno a Él. Es imposible concebir que algo creado por Él pueda necesitar perdón. El perdón, entonces, es una ilusión. A diferencia de las demás ilusiones, nos aleja del error en vez de acercarnos a él."[16]

"Al perdón podría considerársele una clase de ficción feliz, una manera en la que los que no saben pueden salvar la brecha entre su percepción y la verdad. No pueden pasar la brecha de la percepción al conocimiento porque no creen que ésa sea su voluntad. Esto hace que Dios parezca un enemigo en lugar de lo que realmente es."[17]

"El perdón es un símbolo también, pero en canto que símbolo exclusivo de la Voluntad del Padre, no puede ser dividido."[18]

---

[16] Un curso de milagros, Foundation for inner peace.

[17] Un curso de milagros, Foundation for inner peace.

[18] Un curso de milagros, Foundation for inner peace.

Por lo tanto, el Creador del Todo (Dios, Universo, Mente Maestra o como le quieras llamar) no puede perdonarte, ya que su intención original es tu bienestar y tu prosperidad en todos los aspectos de tú vida.

Eres tú el que piensa que requiere ser perdonado, por ello es una ilusión, sin embargo, en Un Curso de Milagros se establece que si así lo quieres ver y hacer, entonces, lo hagas. El propósito de esta ilusión es acercarte a Dios, no alejarte de él.

La invitación consiste en que si consideras que requieres perdonarte por algo, lo hagas, que si sientes en tu corazón que requieres pedirle perdón a alguien por alguna acción u omisión, lo hagas. Si estas acciones traen paz a tu corazón y tu alma, entonces estarás más cerca de Dios.

> **"Cuán hermoso se vuelve el mundo en ese instante en el que ves la verdad acerca de ti mismo reflejada en él."**
>
> **Un curso de milagros**

Toma consciencia

> **"Hasta que hagas la inconsciencia consciente, esta dirigirá tu vida y tu lo llamarás fe."**
>
> **Dr. Carl Gustav Jung**

"Gracias a la conciencia somos conscientes de lo que ocurre en la mente. Ni siquiera la conciencia (consciousness) misma es suficiente. Dentro de la energía de la conciencia (consciousness) hay una vibración de muy alta frecuencia, análoga a la luz misma, llamada consciencia (awareness). De esta consciencia (awareness) surge el conocimiento de lo que está ocurriendo en la conciencia (consciousness), que nos informa de lo que está ocurriendo en la mente, y ello, a su vez, nos informa de lo que está ocurriendo en el cuerpo físico".[19]

Como podemos ver, parece que en el idioma español no hay traducción inequívoca de lo que es consciousness y lo que es awareness, empleándose para su traducción la misma palabra conciencia. Si observamos cómo las define Hawkins, veo que el significado de cada una de estas palabras concuerda con el significado que un servidor da a la conciencia y a la Consciencia, hecho fundamental para comprender lo que queremos decir y saber de qué se está hablando en cada momento.

Veamos una vez más:

- Conciencia (consciousness): nos permite saber lo que está ocurriendo en la mente, y la mente nos permite saber lo que está pasando en nuestros sentimientos y emociones, así como en las sensaciones corporales. Todos los procesos se están desplegando dentro de ella, dentro de la conciencia.

- Consciencia (awareness): es la que nos permite saber lo que está ocurriendo dentro de la conciencia. Es más abarcante que la conciencia. De hecho, gracias a la Consciencia sabemos que existe la conciencia." [20]

---

[19] David R. Hawkins, en CURACIÓN Y RECUPERACIÓN

[20] Enric Corbera, en YO SOY TÚ.

Un ejemplo que el mismo Enric Corbera propone para entender la diferencia entre Consciencia y conciencia, es el siguiente:

> **"Cuando hago actos con plena Consciencia, mi conciencia aumenta, y así puedo pasar a la acción de una forma coherente."**

Es así como con esta distinción, podrás diferenciar entre Consciencia y conciencia, aunque en español parece usarse indistintamente.

En el Taller *"Consciencia emocional y sexual"*, despertarás aún más tu consciencia. Es un Taller vivencial en donde se crea un espacio de expresión libre y con respeto, puedes inscribirte si quieres a través de mi página en Facebook @ivonnejuradocoach.

Avanza

Ya que tienes toda esta información con la que antes no contabas, es tiempo de que acciones, pues información más acción, es igual a poder. Te estás convirtiendo en un ser poderoso, utilizando el súper poder más grande que todos tenemos: el de elegir. Nadie te lo puede quitar sin tu consentimiento, o dicho de otra manera, tú eres la única persona que puede ejercerlo.

Es momento de que tomes acción para que tengas la vida que siempre has soñado, el único favor que te pido es que no me creas nada, ve a experimentarlo, ya que nadie puede caminar el camino por ti.

Te comparto un proverbio: puedes llevar el caballo al río, pero no puedes obligarlo a beber. Está en ti poner en práctica lo que has aprendido hasta ahora y ver qué tanto funciona en tu vida.

Recapitulando

La fórmula para agradecer lo que ocurrió es la siguiente: ACEPTA.

- Aceptación.
- Culpa.
- El mundo de los opuestos.
- Perdona.
- Toma consciencia.
- Avanza.

Aceptar lo que haya ocurrido es la clave para poder avanzar. Existieron circunstancias en la cuales no tenías el control, o tus padres hicieron lo que pudieron con las herramientas emocionales que tenían a la mano cuando estabas en la infancia. La culpa solo existe como medida de control o de opresión. Como ya eres consciente de ello, ya sentirás que se te quitó una tonelada de peso de encima.

Así que cuando los perdones y te perdones, comenzarás el camino hacia la libertad interior, sin culpa y tomando consciencia de que todo tiene una razón de ser: tu crecimiento interior.
Ya sabes cómo funciona el equilibrio en tú vida, somos luz y somos oscuridad. Cuando aceptas tu sombra, eres capaces de trascenderla, por lo tanto, ya no te controla y dejas de perder energía en reprimir esa parte que todos tenemos: la sombra. El mundo de los opuestos es la llave hacia la paz interior.

Pasos a seguir

1. Escribe una carta de perdón para cada uno de tus padres.
2. Si tienes la fortuna de que estén vivos, se las vas a leer, de preferencia de frente, si no es posible, se las leerás por teléfono.
3. Escribe 5 situaciones en las cuales sientes culpa.
4. Escribe una carta de perdón para ti.
5. Escribe estas 5 situaciones de manera positiva en tu vida.

Capítulo 4

Mundos complementarios

"En lo que nos es posible alcanzar, el único sentido de la existencia humana, consiste en encender una luz en las tinieblas del ser."

Dr. Carl Gustav Jung

Durante los primeros tres capítulos hemos hablado o, mejor dicho, te he estado haciendo consciente de cómo actuamos, quien nos domina y qué puedes hacer para que esto deje de ocurrir paulatinamente. Es importante recordar que un hábito puede ser cambiado si realmente te comprometes a ello y si no cesas en tu objetivo. Algo así como: sin prisa y sin pausa, o lo que es lo mismo, el que persevera alcanza. Recuerda que un hábito determina tu carácter y tu carácter determina tu destino.
Sin embargo, no eres un árbol y te puedes mover hacia donde quieras siempre y cuando así lo elijas. Y hasta los árboles se regeneran cada primavera, lo mismo puedes hacer tú con tus creencias y tus hábitos, ya que nada te obliga a permanecer con ellos si es que el resultado que tienes ahora no te satisface. Conserva lo que te funciona y lo que no te funciona, pues es momento de evolucionar.

Es importante hacer una precisión, ya que cuando hablo de ti o utilizo el pronombre "tú", estoy hablando de tu ser, que es más grande que tu ego, tu nombre, tu profesión, tu nacionalidad, tus posesiones o cualquier cosa que vaya después del "yo soy, yo tengo, yo pertenezco, yo nací, etc.". Te voy a contar una historia, para que se más entendible este concepto, así te darás cuenta de lo magnífico que eres.

El emperador Milind envió recado al monje Nagsen par que honrara la corte con su presencia. Un mensajero fue a ver a Nagsen y le dijo:
- Nagsen, el emperador desea verte. He venido a invitarte.

Nagsen replicó:
- Si quieres iré, pero perdona: aquí no hay ningún Nagsen.

Nagsen es solo un nombre, una etiqueta funcional.
El cortesano le contó al emperador que Nagsen era una persona muy extraña: había contestado que acudiría pero que allí no había ningún Nagsen, que ese nombre solo era una etiqueta funcional.

El emperador dijo:
- Qué raro. Pero si dice que vendrá, vendrá.

Nagsen llegó a su debido tiempo, en la carroza real, y el emperador le recibió en la puerta.
- ¡Bienvenido seas, bhikshu (monje) Nagsen! -dijo.

Al oír estas palabras, el monje se echó a reír:
- Acepto tu hospitalidad como Nagsen, pero recuerda, por favor, que aquí no hay ningún Nagsen.
- Hablas en clave -le replicó el emperador-. Si tú no estás aquí, entonces, ¿quién ha venido? ¿Quién ha aceptado mi invitación? ¿Con quién estoy hablando?

Nagsen miró a su espalda y preguntó:
- ¿No es esa la carroza en la que he venido, emperador Milind?
- Sí, esa misma.
- Por favor, que desenganchen los caballos.

Así lo hicieron.
- ¿Es esa la carroza? -preguntó el monje señalando los caballos.
- ¿Cómo puedes se puede decir que los caballos sean una carroza? -replicó el emperador.

A una señal del monje, se llevaron los caballos y quitaron las lanzas para enganchar los caballos.
- ¿Son esas lanzas la carroza?
- Pues claro que no. Son las lanzas, no la carroza.

A continuación quitaron las ruedas, y Nagsen preguntó:
- ¿Son esas ruedas la carroza?
- Son las ruedas, no la carroza -contestó el emperador.

El monje ordenó que quitaran todas las piezas, una a una, y a cada una de sus preguntas, el emperador se vía obligado a responder: "Eso no es la carroza".

Por último, no quedó nada. El monje preguntó:

- ¿Dónde está la carroza? Cada vez que desmontaban un elemento, decías "Eso no es la carroza". Pues bien, dime: ¿Dónde está la carroza?
El monje añadió:
- ¿Me comprendes? La carroza era un montaje, una simple acumulación de ciertos objetos. Como tal, una carroza no tiene existencia propia, no tiene "ego". Una carroza es simplemente una combinación de cosas.[21]

Es así como tu SER, es más que cualquier etiqueta que le hayas puesto hasta ahora.
Dicho lo cual, ahora conozcamos qué quieren realmente las mujeres y los hombres, así entenderás la razón de tus experiencias, hasta ahora, cuando de relaciones se trata. Es importante considerar que todo es perfectible y seguimos en mejora continua, sin embargo, la información yace en el inconsciente. Tenlo en mente.
Si dejáramos de vernos como entes opuestos y nos viéramos como almas complementarias, tal vez los resultados que estamos obteniendo en el mundo serían mejores. El tratar de equiparar los derechos entre hombres y mujeres ha sido un transitar que ha dejado confusión, ya que si vemos cómo funciona nuestra mente (ego), es el que ha desencadenado la lucha de poder, olvidando el propósito con el que cada polaridad (hombre o mujer) está aquí, en este plano terrenal.

---

[21] Osho, El libro del sexo, Del sexo a la superconsciencia, Ed. Grijalbo, 2010

Además, muy convenientemente se busca equiparar los derechos, lo cual está bien, sin embargo como al ego le encanta comprar gangas y busca no comprometerse, casualmente se le olvida equiparar obligaciones.
La fórmula para entrar en contexto de esto es la siguiente: MUNDOS

- Mujeres evolutivamente contrariadas.
- Ufanamente feministas.
- Nada será igual.
- Dos es igual a uno.
- Observando la comunicación.
- Sexo, el común denominador.

Mujeres evolutivamente contrariadas

Las mujeres de hoy, del siglo XXI, esperan de una relación mucho más que sus antepasadas, ya que las circunstancias han cambiado. El estereotipo de la mujer siempre impecable, que hacía las labores hogareñas en tacones, con peinado de salón y perfectamente maquillada que esperaba a su marido con una sonrisa de concurso, y con sus hijos con ropa inmaculadamente planchada y almidonada, dista mucho de lo que ocurre en la actualidad.

Aunque las mujeres se rigen inconscientemente por sus preferencias ancestrales predeterminadas, en lo que se refiere a los hombres, han evolucionado dejando atrás las características que defendían sus predecesoras. Sin embargo, sus cerebros (inconsciente) continúan anclados al pasado, pero la sociedad moderna ahora les permite, además que les exige, tomar decisiones y opciones que en décadas atrás ni si hubieran imaginado.

Por ejemplo, en la década de los 50's, el 60% de las mujeres tenían su primera relación sexual con el hombre que estaban comprometidas o casadas. Hoy ese porcentaje es del 1%. Una de cada cinco mujeres que nacen en Occidente o Europa a partir de la década de los 60's no tiene hijos, sin embargo, antes de esta década las mujeres que podían concebir lo hacían, pues no había tantos anticonceptivos. En China, más de dos millones de mujeres se separan cada año. Hoy es igualmente común que una veinteañera lleve al igual un labial en el bolso que un condón. Al llegar a los treinta años, cuando menos han tenido tres parejas sexuales, ya que han ocupado la década de los veintes para descubrirse a sí mismas. La mayoría de las revistas femeninas tienen las palabras sexo u orgasmo en sus portadas, además de que ya existen máquinas de condones los baños.

El dilema en el que se encuentran las mujeres hoy en día es que los hombres apenas han cambiado, quienes tuvieron la revolución sexual fueron ellas, cuando menos en la manera de tener sexo, sin embargo, siguen siendo prisioneras de lo que realmente quieren, aunque no lo sepan y cuando lo saben, no lo quieren aceptar. Aunado a que los hombres se siguen pareciendo a sus padres y a sus abuelos, no están dispuestos a dejar su cómodo entorno masculino ocupado por el trabajo y los deportes.

Con todo y toda, las que están liderando la revolución sexual, son las mujeres de 40 y 50 años, ya que tiene una carrera profesional que consolidaron cuando eran treintañeras, suelen tener hijos mayores e independientes, así que han decidido que ya no necesitan estar casadas, que estar atrapadas en relaciones aburridas y sin amor no es para ellas.

El matrimonio tradicional hasta la década de los 70's, ofrecía a las mujeres un estatus social y un nivel de seguridad, ya que tenían un hombre a la cabeza que se ganaba el pan, recibiendo así la mujer, un beneficio económico. Ahora la mujer puede obtener el estatus por ella misma, así como los recursos, por ello el matrimonio puede acabar de un día para otro.

En el pasado, las mujeres evolucionaron como cuidadoras y amantes de los hombres porque necesitaban la seguridad que ellos les ofrecían: comida, protección y supervivencia. Las mujeres amaban y alimentaban a sus hijos, sacando adelante a la siguiente generación de portadores de genes. Ése era el intercambio básico, la mujer que no podía conseguir un hombre, era expulsada de la tribu, a merced de enemigos y animales salvajes.

Así fue su modo de vida durante cientos de miles de años, con la evolución que cada época conlleva, pero se mantuvo prácticamente igual hasta la década de los 60's, cuando surgió el movimiento feminista, dándole a la mujer la oportunidad de pensar y actuar independientemente, tomando así sus propias decisiones. La lucha por la igualdad de oportunidades de los 80's y 90's, colocó a las mujeres con nuevas posiciones de poder e influencia.

Sin embargo, la mente (el inconsciente) de la mujer independiente y autosuficiente del siglo XXI, todavía carga con los impulsos primitivos de querer a un hombre que la haga sentir segura y completa. Este impulso primitivo (reptiliano) es lo que siembra la duda, la inseguridad y el sentimiento de culpa, pero la mujer no tiene la más remota idea de cuál es la causa, hasta ahora.

Lo que sucede es que el cerebro femenino para funcionar como lo hace, ha evolucionado casi un millón de años, pero la revolución sexual y social de la mujer ocurrió en tan solo 50 años, es por ello que su entorno no concuerda con su bilogía femenina.

> **"El hombre con éxito es el que puede ganar más dinero del que su mujer pueda gastar.**
> **La mujer con éxito es la que está con ese hombre."**

Ufanamente feministas

"El feminismo ha traicionado a las mujeres."

Camile Paglia

Este movimiento social ha puesto a la mujer a girar en un tacón, ya que algo que comenzó con una intención clara y definida, al pasar de los años parece que hasta cierto punto, ahora estar en contra de la misma mujer, pues se ha manipulado de tal forma, que la mujer está cada vez más sola, aunque realmente no es lo que quiere y los hombres ya no saben cómo tratarla, porque cualquier acción que ellos hagan en el afán de iniciar una relación con una mujer, pudiera ser usada en su contra.

El feminismo es un movimiento social que exige la igualdad de derechos de las mujeres frente a los hombres. La palabra proviene del latín FEMĬNA, que significa 'mujer', y se compone con el sufijo -ISMO, que denota 'doctrina' o 'movimiento'.

Actualmente se constituye como una corriente de pensamiento que engloba un conjunto de movimientos e ideologías de todo tipo: políticas, culturales, sociales, económicas, derechos de preferencias sexuales, con el objetivo fundamental de lograr igualdad de género y la trasformación de las relaciones de poder entre hombres y mujeres.

Algunas de sus conquistas han sido: el derecho a la educación, el derecho al voto, la protección de los derechos sexuales y reproductivos de las mujeres, entre otros.

El feminismo tiende a ser visto como una secuencia de olas históricas. La primera ola surge en varios países en los siglos XIX y XX, tanto en Europa como en Estados Unidos y Latinoamérica, luchando al inicio por la obtención de igualdad en los derechos en el matrimonio y el derecho al voto.

La segunda ola estuvo determinada por los derechos familiares, sexuales, laborales y de reproducción.

La tercera ola abarca desde la década de los 90's hasta nuestros días, busca demostrar que la mujer tiene la capacidad de asumir diversos riesgos y obligaciones, desarrollarse en múltiples espacios, donde puede ser altamente competitiva e independiente, relacionándose lo anterior con la liberación o el empoderamiento de la mujer, expresada en la sororidad[22].

El feminismo sigue sin tregua, convirtiéndose poco a poco en lo que inició criticando. Se conoce como feminismo radical a la corriente de pensamiento que propone acabar con el dominio patriarcal, es decir, con la supremacía masculina, a través de la oposición de los roles de género y una íntegra reestructuración social. Tuvo origen en Estados Unidos durante los años 70's. Con estas actitudes, se ha vuelto blanco de críticas, ya que se está convirtiendo en hembrismo, por la discriminación y el desprecio hacia el hombre y lo que él representa.

Camile Paglia, profesora de la Universidad de Artes de Filadelfia, escritora, nacida en 1947, feminista, declara en una entrevista para Playboy:

"Soy absolutamente feminista. La razón de que no simpatizo a otras feministas es porque critico el movimiento, explicando que necesita ser corregido. El feminismo ha traicionada a las mujeres, alienado[23] a los hombres y a las mujeres, ha sustituido

---

[22] Se refiere a la hermandad entre mujeres con respecto a las cuestiones sociales de género. **Sororidad** es un término derivado del latín *soror* que significa hermana.

[23] Adjetivo/nombre masculino y femenino. 1. [persona] Que está loco y ha perdido el juicio o se comporta como tal. "El relato parece estar escrito por el propio alienado a partir de un planteamiento absurdo" 2. Adjetivo [persona] Que tiene alienación (transformación del pensamiento). "Una sociedad alienada"

el diálogo por lo políticamente correcto, lo cual ha encapsulado a las mujeres. La idea del feminismo de que la liberación de la prisión doméstica va a traer felicidad, es simplemente incorrecta".

> "Las mujeres han avanzado mucho, pero no son más felices. Las mujeres más felices que conozco, no son las que equilibran su carrera y su familia."
>
> Camile Paglia

Es así, como Camile Paglia manifiesta su opinión ante el feminismo extremo, siendo ella misma una feminista.

Ahora bien, observando los resultados que tenemos como sociedad en la actualidad y de una manera general, con la Ley de Pareto[24] del 80/20, estadísticamente hablando, lo cual quiere decir que se tiene el 80% del resultado con sólo el 20% de las causas. Son pocas las situaciones, pero han provocado un resultado en masa. Si no estás de acuerdo con lo que lees o tu experiencia ha sido otra, no lo tomes personalmente, de cualquier forma tienes razón. Cuando entiendes que la razón la tenemos todos y no te posicionas al respecto, quiere decir que comprendes cómo es el orden natural de las cosas. Muchas guerras e invasiones, pleitos sin sentido se han desatado sólo por defender y querer imponer la razón de tal o cual cosa. La distinción está en no posicionarte, es decir, no juzgar o criticar a quien tienes enfrente, puedes estar de acuerdo o no, puede no gustarte o no, sin embargo, no criticas o no te sientes dueño de la verdad absoluta.

Por ejemplo, la naturaleza tiene un orden, funciona quieras o no, te guste o no.

---

[24] También conocida como la regla del **80/20**, establece que, de forma general y para un amplio número de fenómenos, aproximadamente el **80%** de las consecuencias proviene del **20%** de las causas.

Yo no he visto a un árbol queriendo ser más que el cielo, ni al mar tratando de imponer su fuerza en la tierra, ni al ave abusando de las flores, ni a las hormigas levantándose en armas porque se consideran superiores a las serpientes, ni a la nube queriendo estar en la tierra, ni a la lluvia haciendo un paro porque le duele caer desde el cielo cuando choca contra la tierra, ni a los gatos en huelga de hambre porque no hay tantos albergues como hay para los perros, ni al viento detenido porque gracias a él se mueven las nubes. Todo esto sucede porque la naturaleza sabe lo que tiene que hacer, asume su papel, lo hace de la mejor manera que puede, respeta el espacio de cada uno y ningún elemento de ella tiene aires de grandeza o se posiciona en una razón. Al contrario, está en contribución permanente para una mejor estar. El halcón vuela y se apoya en el viento, el viento mueve las nubes para que den sombra a quien la requiera, los árboles tienden sus ramas y dan frutos para que no falte comida, el cielo es cielo y los cubre a todos con su manto, el mar es mar y apoya para que se conecten los continentes con sus corrientes marinas, y así sucesivamente.

La naturaleza no tiene ego, y eso hace la abismal diferencia.

Después de esta reflexión, volvamos al análisis del feminismo. La terminación -ismo es un sufijo de origen griego que significa doctrina, sistema, modo o partido.

73

El simple hecho de formar parte de él ya implica una separación del otro, ya que segrega y separa, y es ahí en donde comienzan los problemas. Como lo dije, el espíritu del movimiento es muy noble y tuvo su razón de ser al inicio, lo cual ha posicionado a la mujer en otro nivel social.

Son los extremos del mismo los que han provocado la sociedad que tenemos ahora, ya los límites rayan en la transparencia y se ha perdido la brújula, esa brújula interna que se llama intuición y consciencia.

Si haces una pausa y te dedicas a observar los resultados después del año dos mil, verás lo siguiente: más drogadicción, más mujeres solteras, ya sea por elección, por divorcio o porque sus parejas se fueron con otra/o, más hombres al cuidado de sus hijos, pues su mujer se fue con otro/a, más adolescentes embarazadas, más violencia en todos los sentidos, desde la física hasta la emocional y aquella violencia callada que lastima el alma, más robos, más violaciones, más cinismo, más corrupción, más niños que en teoría requieren ayuda psicológica, más ansiedad, más depresión, más suicidios en adolescentes y así, la lista es interminable.

Entre una multitud de factores para que esto ocurra, el que encuentro con un mayor porcentaje de influencia es que las mujeres han perdido el rumbo y están en una confusión de lo que quieren y de lo que su corazón anhela.

En su momento nos vendieron la idea de que somos autosuficientes y que podemos hacer cualquier cosa que queramos, lo cual es cierto, pero no nos dijeron la otra parte de la moneda: que tiene un costo. Hasta ahora ha salido muy caro, la niñez y los jóvenes de cuando menos dos generaciones atrás han pagado las consecuencias de ello, dando por resultado a adultos y jóvenes que no conocen límites, que no tienen objetivos, que les cuesta trabajo entablar relaciones y compromisos, que se rigen por la inmediatez y el desecho de las cosas y de personas, que viven en una era digital por naturaleza y les cuesta trabajo diferenciar con la realidad.

Sin duda el internet también ha contribuido en los tiempos actuales, siendo juez y parte en muchos aspectos de la vida cotidiana. Ya nada escapa al ojo de la lente andante que está en los millones de teléfonos celulares que existen, cualquier momento puede quedar grabado para los anales de la historia y puede ser usado de acuerdo a la percepción de quien lo filma con una diversidad de intenciones. La privacidad ha quedado atrás, confundiendo el derecho a la información con el derecho a la intimidad, las barreras, si es que existen ya son tan diáfanas que se borran en la moralidad de cada persona.

En otros tiempos elegíamos a quién dejábamos entrar en nuestro hogar, porque existe una puerta física que lo impide. Ahora somos bombardeados en nuestros celulares con la cantidad de aplicaciones y redes sociales que tenemos, que parece una carrera para ver quién envía más "gifs" o mensajes. Todo esto es un reflejo de la necesidad humana de pertenecer a un grupo, ya que antes se te reconocía por tu nombre y tus actos, ahora se te reconoce por los "likes" en tu página digital.
Lo que propongo es hacer actos de consciencia, que al elegir lo que cada mujer decida, esté plenamente segura de los pros y los contras de sus opciones, que cualesquier camino que tome, lo único seguro es que la moverá del lugar en donde está, si elige estar en solitud para vivir, bien, si elige criar y tener un hijo sola, bien, si elige divorciarse porque su pareja no la merece o le queda pequeña, bien, si elige permanecer casada porque sigue creyendo que así la familia estará mejor, bien, si se parte en pedazos para sacar adelante su vida laboral y la vida familiar, bien.

No se trata de volver al pasado, eso no va a ocurrir, como he dicho, somos seres en evolución, lo que se trata es de reajustar lo que se ha hecho hasta ahora para obtener resultados diferentes, porque si algo no miente son los resultados. La mujer tiene un papel fundamental en ello y tiene que estar consciente de su responsabilidad y compromiso con la raza humana, asumirlo y aceparlo le hará elegir sin culpa y conscientemente.

"El movimiento de las mujeres ha creado un problema, no solo para las mujeres sino para la cultura."

Camile Paglia

Claro que una mujer puede enormidades. Sus capacidades son mayúsculas, cuando además acepta que quiere que le ayuden, se relaja y se libera. La carga y la presión social disminuyen sobremanera. El que se pueda valer por ella misma no está en conflicto con que un hombre le ayude, ni la hace menos, ni se está vendiendo por ello.

Si no se hacen estas distinciones, la responsable de que el hombre no esté a su altura es la misma mujer, ya que lo ha ido castrando con sus actos y lo ha dejado confundido y en la indefensión total: el hombre tiene en sus genes y en su información ancestral (inconsciente) que debe ser el proveedor de su clan. En un abrir y cerrar de ojos, con la revolución sexual, él espera que va a tener más sexo.

La palabra revolución es un cambio social organizado, masivo, intenso, repentino, generalmente no exento de conflictos violentos para la alteración de un sistema político, gubernamental, social o económico. Procede del latín REVOLUTIO, -CION., que puede traducirse como dar vueltas. También es usado como sinónimo de 'inquietud', 'revuelo' o 'alboroto', así también es usado como 'cambio', 'renovación' o 'vanguardia'. Su significado depende del lado en el que se está en la historia de la revolución sexual.

Si bien, ha contribuido para que efectivamente haya más sexo en todos los sentidos y con todas las personas y sus preferencias sexuales, aunque siempre haya existido, ahora ya es "socialmente aceptado", el otro lado de la situación es que las mujeres en ocasiones lo usan como moneda de cambio y de acuerdo a su conveniencia. Por lo tanto, la mujer ahora independiente y autosuficiente, provoca con este comportamiento que el hombre quede anulado y emprende la graciosa huida, pues su mayor herramienta a quedado totalmente nulificada, me refiero el ser proveedor. Penes existen muchos y están a la vuelta de la esquina, hombres que se precien de serlo, quedan cada vez menos.

La invitación es para que las mujeres hagan un alto, respiren y se cuestionen qué es lo que realmente quieren y una vez que se respondan con total honestidad, entonces actúan en consecuencia. Conozco a muchas mujeres independientes y autosuficientes que en sus noches de soledad y en un completo acto de constricción se dicen a ellas mismas: "estoy tan cansada, como quisiera tener a un hombre (pareja) a mi lado para compartir la carga". Si supieran y aceptaran que están a un "Y" de distancia, la presión disminuiría considerablemente.

"Katty, ¿puedes O quieres que te ayude?
O
Katty, ¿puedes Y quieres que te ayude?"

Javier CC

La elección está en ti, en aceptar tu papel en la historia de la humanidad e interpretarlo de la mejor manera que te sea posible, haciendo los ajustes necesarios para que el vuelo de tu vida vaya lo más recto y nivelado posible, y cuando se presenten las turbulencias, seguro serás capaz de sortearlas, ya que tú, mujer, como las aves, naciste para volar y ser libre. En ningún lado dice que lo debas hacer sola, esa es la gran distinción.

Estos temas se tratan a profundidad en el Taller *"Consciencia emocional y sexual"*, o si lo prefieres, en el Servicio de Coaching Uno a Uno, que una Servidora pone a tu servicio.

"Miro a mis amigas que están en la vida rápida. Están desesperadas, frenéticas y agotadas, las mujeres más infelices que han existido jamás. Trabajan por las noches y los fines de semana, algunastienen hijos que son criados por niñeras."
Camile Paglia

Nada volverá a ser igual

"El movimiento de las mujeres tiene sus raíces en la creencia de queno necesitamos a los hombres. Lo que no consideran es que todo lo que se necesita es un desastre natural para demostrar lo equivocadas que están."

Camile Paglia

Así ocurrió, en un santiamén se borraron en acción más no en información (inconsciente) millones de años evolución. En medio siglo la mayor aportación del hombre, más allá de la misión de mantener viva la especie humana, la misión de protector y proveedor del clan quedó en el olvido. Una mujer independiente y autosuficiente le dijo: "bye bye, baby" dejándolo boquiabierto y estupefacto, impávido[25] en el mejor de los casos. Es como quietarle la columna vertebral, la cual es el eje de su existencia. Los hombres ahora están buscando definir su masculinidad en esta era. Pasaron de haber "usado" a las mujeres en tiempos ancestrales a conocer el sentimiento de "sentirse usados" como objeto de placer, ya que no son requeridos más como proveedores de recursos.

Los hombres hoy en día ya no saben si invitar a salir a una mujer, si decirle algún piropo, si ofrecerse a ayudarles con las compras o abrirles la puerta del auto o quitarse el saco para ofrecerle abrigo en una noche de frío a su invitada a cenar, si es que tuvo la fortuna de un sí para que él pagara la cuenta.

---

[25] Persona que no se altera, perturba o muestra emoción alguna ante una impresión o estímulo externo que normalmente producen turbación, desencadenan una emoción o inducen a determinada acción.

El hombre disfruta de proveer, lo tiene en sus genes, disfruta de mostrarse como el mejor ante su damisela, que sus amigos lo vean, le encanta pavonearse de sus logros y triunfos. Si una mujer no lo deja, aniquila esta información que yace en el inconsciente colectivo e individual de los hombres.

Los hombres tienen que hablar y hablar con su propia voz, no coaccionados por voces femeninas, requieren mostrar sus habilidades de caza, que en estos días se transfieren a habilidades de generar y proveer recursos para su familia y dejar que el mundo se entere de sus capacidades.

En este mundo globalizado, están tratando de buscar su lugar nuevamente. La invitación es que aceleren un poco el paso y hagan sus ajustes para volar al nivel de su pareja y para ella, que baje un poco la velocidad y permita que él la alcance. Con un poco de empatía y comprensión de ambas partes, aceptando que están en el mismo nivel de la creación, que se complementan el uno al otro, haciendo cada quien lo que le corresponde y cuando haya cumplido a cabalidad, entonces ofrecer ayuda a su pareja, creo que todo adquiriría otro sentido.

Dos es igual a uno

Desde que el tiempo es tiempo, los hombres y mujeres han buscado lo mismo y querido lo mismo, lo tenemos en nuestra información ancestral en los genes. Si vemos la historia, así había funcionado la humanidad durante muchos siglos.

Sin embargo, es una realidad que hemos evolucionado y ello nos ha llevado a mejoras, así como a errores, los cuales, como todo en la vida se pueden corregir. No son las circunstancias, sino la interpretación de ellas lo que ha provocado la inversión de roles en las parejas, el empoderamiento de la mujer y el acomodamiento del hombre, ya que no se le ha demandado su papel de proveedor.

A continuación, veremos qué buscan realmente hombres y mujeres, además de qué quiere cada uno. Es importante señalar que esto es estadístico y se habla en general, recuerda la ley del 80/20.

Lo que realmente buscan las mujeres

Los investigadores han descubierto las cosas que las realmente buscan las mujeres de sus hombres, cosas que no siempre están dispuestas a aceptar o dicen no querer. La mujer del siglo XXI, busca lo que buscado desde las cavernas: buenas dotes de caza y los recursos necesarios para que las alimenten y protejan a ellas y a sus hijos.

En definitiva, las mujeres de hoy quieren hombres con

- Dinero.
- Cultura.
- Sentido del humor.
- Posición.
- Autoridad.

Todo ello habla de muy buenos recursos.

> **"Las mujeres de hoy buscan exactamente lo mismo que han querido siempre: HOMBRES CON RECURSOS"**

Los atributos físicos de los hombres son un foco de interés para las mujeres: hombros y espalda ancha, altos, mayores que ellas, con coordinación física, características que ponen de relieve que los hombres son capaces de cazar (generar recursos) y protegerlas. La atracción femenina hacia esos atributos físicos demuestra que su circuito cerebral predeterminado todavía persigue las mismas cosas que las mujeres primitivas. Quieren hombres con recursos y no sólo eso, se sienten atraídas por los hombres que comparten esos recursos con ellas y con sus hijos.

Pero una mujer requiere tiempo para evaluar si un hombre tiene esos recursos o no. Puede necesitar tres citas, tres semanas o tres meses, por eso las mujeres se enamoran más lentamente que los hombres, pero la oxitocina en niveles elevados provoca que se enamoren más profundamente.

El concepto del hombre metrosexual que va a la peluquería, se hace la manicura, disfruta hablar sin parar de su vida sentimental y llora con Bambi, será un gran amigo, pero no de la talla como pareja estable de por vida. En el fondo, las mujeres quieren hombres que puedan aportar recursos.

Cuando una mujer conoce a un hombre, automáticamente está evaluando su capacidad de obtener recursos, lo hace de manera natural e instintiva. Se fija en detalles como la clase de reloj que usa, el coche que maneja, si la invita a desayunar, comer o cenar, si la profesión a la que se dedica es fructífera o tiene potencial, en cuánto deja de propina, si pide cuentas separadas y un largo etcétera. Es por ello que aunque haya hombres disponibles, las mujeres se quejan de que no hay buenos partidos.

Con ello no estoy diciendo que la mujer no se pueda proveer ella misma sus recursos si así lo elige. Si acepta su vulnerabilidad y su función natural en la evolución de la raza humana, tal vez estaría en mejores condiciones para tomar las decisiones que la acerquen más a su bienestar y paz emocional, a la vez estaría más unida con el hombre para un bien común, sin competencia y sin una lucha de poder sin tregua.

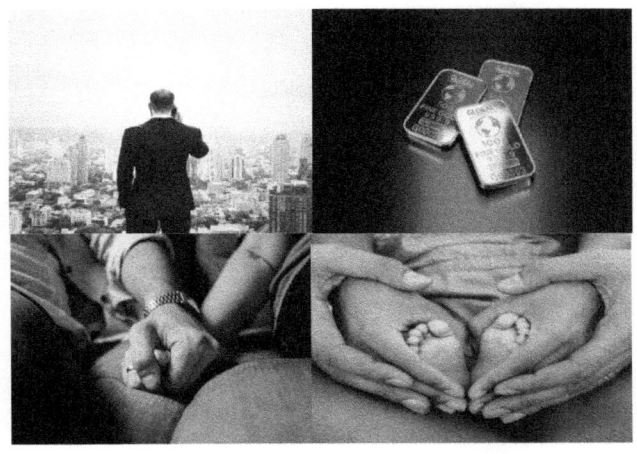

Lo que los hombres realmente buscan

Para la mayoría de los hombres las relaciones no tienen que ver con "vivieron felices para siempre". Para ellos lo más importante y por lo que eligen a una mujer para "pasar el resto de sus días con ella" es por algo tan sencillo y simple como: los servicios que ella pueda ofrecer.

Sé que sí eres mujer estarás pensando: ¿Cómo? ¿Mi intelecto donde queda? ¿Mis títulos universitarios y mi aumento de sueldo? ¿Mi reciente ascenso laboral?

Pues sí, ahí es donde radica el mayor de los problemas. Una mujer quiere recursos y un hombre quiere servicios, así ha funcionado la sociedad, o lo había hecho hasta hace cincuenta años.

¿Cuáles servicios busca el hombre en una mujer? Si eres hombre ya los sabes, te lo aseguro, lo tienes en tus genes y en lo que realmente te importa cuándo eliges a la "dueña de tus quincenas", porque cuando realmente la amas, ni siquiera dudas en compartir con ella tus recursos.

Los servicios que un hombre busca en una mujer son:

- Sexo
- Servicios básicos: comida y casa limpia
- Maravillosa con los niños
- Buena compañera
- Un buen trasero

Es así, sin rodeos y sin anestesia. Las relaciones se basan en un intercambio de servicios por recursos, que se le adorne de diferentes maneras, es otra cosa, al final, radica en ello. Una mujer ofrece sus servicios a cambio de recursos o viceversa, un hombre comparte sus recursos con ella a cambio de servicios.

Un hombre está dispuesto a hacerlo cuando detecta en ella su capacidad reproductora y en donde va a llevar la semilla de sus genes (cadera o trasero). En encuestas se ha determinado que es lo que más les atrae, es una cuestión natural. Ellos así lo ven y son prácticos, son las mujeres que en su mente y ego (vanidad) se traicionan, no se sienten cómodas respecto a su figura física. Por cierto, en esta época la mayoría de las mujeres se perciben gordas aunque no lo estén, debido a tanto bombardeo publicitario en los medios de comunicación y redes sociales. Para que el cuerpo de una mujer le resulte atractivo a un hombre aplica la regla del 70% sin importar su talla. La silueta de "avispa" ha sido eje del arte durante miles de años y lo más importante para un hombre son las curvas femeninas, no el peso ni la grasa que posea. ¿A qué se refiere esta regla?

A que la medida que hay en la cintura, debe de ser el 70% de lo que hay en la cadera. Es decir, si la cadera de una mujer tiene una medida de 100 centímetros, la cintura de la mujer debe de medir 70 centímetros. Si la cadera mide 110 centímetros la cadera debe medir 77 centímetros aproximadamente. Por favor, la invitación con esta estadística es que amen sus curvas y su cuerpo, para lo cual les tengo una pregunta: una vez que están desnudas en la cama ¿algún hombre las ha dejado por ver su celulitis o el exceso de grasa en el área de la cintura? La respuesta es no, para un hombre lo que importa es que ustedes sientan y disfruten del sexo, no que estén pensando en que están gordas o que tienen celulitis.

En uno de los Talleres de **"Consciencia emocional y sexual"** una joven de 19 años nos compartió que en cuanto su novio pasaba su mano por el área de la cintura, ella en automático se sentía insegura y se quedaba paralizada, el deseo de continuar acariciándole se frenaba. Después de estar en el Taller su testimonio fue que ya no le iba a importar, ahora veía lo que era importante.

Como se mencionó anteriormente, un hombre tiene 20 o 30 veces más testosterona que la mujer, además de que la información en el inconsciente les dice que deben de mantener la supervivencia de la raza humana, por ello siempre quieren y buscan tener relaciones sexuales. Es natural para ellos, por lo cual es básico que su pareja esté disponible y dispuesta para satisfacerlo.

También quedó demostrado en el diagrama de Venn del Dr. Sternberg, es un requisito indispensable para que una relación funcione.

Para ellos lo justo es que si proporcionan los recursos, lo mínimo que esperan es comida para reparar sus fuerzas y una casa limpia para descansar, ya que al día siguiente saldrán a la jungla de asfalto para su pareja y madre de sus hijos. Ellos continuarán esparciendo la semilla de la vida una vez que él ya no esté.

¿A quién le gusta que traten de maravilla a sus hijos? Pues a todos, por lo cual él también espera que su compañera y madre de sus hijos los trate con amor y con esmero, es el fruto de su relación.

Los hombres son prácticos y objetivos, ellos no se manejan en el campo de las emociones como lo hacen las mujeres, si quieres saber la verdad sobre algo, pregúntale a un hombre. Solo te advierto que si preguntas, está preparada para la respuesta, como punto número uno. Como punto número dos, una vez que obtengas la respuesta, saber qué vas a hacer con ella. Si no eres capaz de tolerar la respuesta, entonces mejor no preguntes.

Es por ello, mujeres independientes y exitosas, si aún estás sola y te preguntas por qué, he encontrado dos respuestas para ti:

- No estás disponible para cuando él llegue a casa y lo recibas, porque tu agenda está saturada de compromisos de trabajo, no le eres atractiva porque no cumples con lo que realmente busca: una compañera que lo espere, lo haga sentir valorado y querido.

- El hombre que requieres no está disponible, porque una mujer más hogareña que tú, lo está esperando en una casa limpia y con un plato de comida caliente.

Reitero, somos seres en evolución, sólo es cuestión de ceder un poco, tanto mujeres independientes como hombres de este siglo. Que las mujeres hagan un espacio en su agenda para su vida personal y los hombres generen más recursos para un intercambio en su justo medio y fructífero para ambos.

Cuando llegamos a este punto en el Taller de *"Consciencia emocional y sexual"*, en honestidad, hombres y mujeres aceptan esta situación. Que quieran aparentar otra cosa en su día a día, es diferente.

"**La calidad de los servicios es directamente proporcional a la calidad de los recursos... O viceversa.**"

Ivonne Jurado

Realmente ¿qué quieren mujeres y hombres?

Mujeres y hombres a través de los tiempos han querido lo mismo, sólo que esto ha venido cambiando de nombre. La estadística ha encontrado lo que realmente quieren ellos y ellas. Recuerda que es estadística[26], nada es personal y pudieras o no estar de acuerdo. Es solo información para que tengas mayores elementos para despertar tu consciencia.

1. Las mujeres quieren:

- **Amor.** Quieren sentir a diario o lo más seguido posible que la hagan sentir especial, que la adoren, necesita que un hombre se lo demuestre. Tienes que tener mucho cuidado y conocer realmente a tu pareja para saber cómo le gusta que le demuestres el amor. Más adelante hablaremos de cómo nos comunicamos los seres humanos. Por ejemplo, en un caso de divorcio, las mujeres suelen argumentar que los hombres creen que las tienen seguras y "jamás" muestran aprecio por las cosas que ellas hacen. Lo anterior es porque el hombre siente que el esfuerzo que él hace por ser el principal sostén de la familia, compartiendo sus recursos, arreglar lo que requiere compostura en casa, es suficiente muestra de amor y aprecio.

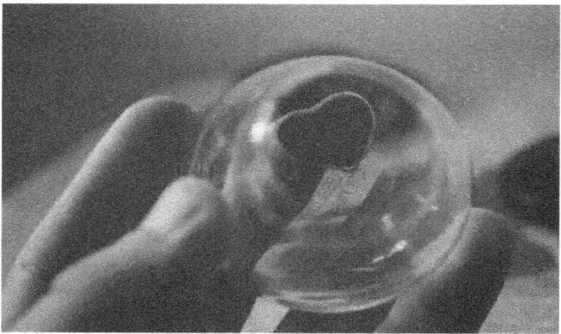

---

[26] **Ciencia formal que forma parte de las matemáticas y que se encarga de estudiar las características de una muestra representativa de datos, buscando obtener la mayor cantidad posible de información** a través de la utilización de **herramientas de cálculo y análisis.**

- **Fidelidad.** La fidelidad lleva la promesa implícita de que el hombre seguirá compartiendo sus recursos con ella, y si te casas por la religión católica está más que dicho en la ceremonia. Pero para un hombre, el concepto de fidelidad[27] es muy diferente, ya que le preocupa que ella pudiera tener sexo con alguien más, lo que implicaría que probablemente esté invirtiendo tiempo y dinero en el hijo de otro. Para la mujer su psique opera muy diferente si él es infiel, pues más allá del ego y la vanidad herida, lo que realmente le duele es que él esté compartiendo sus recursos con alguien más. Otra distinción es que para la mujer el sexo es equivalente al amor, para un hombre el sexo es sexo, ellos tienen esa capacidad de separar la emoción y el acto sexual, en general la mujer no. ¿Quién está bien y quien está mal? Ninguno, ambos tienen razón, somos diferentes y la única manera de entendernos es creando el contexto adecuado, con una comunicación clara y honesta. La diferencia entre fiel y leal pende de una línea muy tenue, se puede decir que la fidelidad está más relacionada con un vínculo personal y la lealtad con una causa o institución.

- **Ternura.** Para la mujer la ternura también simboliza el compromiso. La reproducción es elemento clave que puede ofrecer una mujer, ella escogerá a quien entregarlo. Los requisitos previos para ello son: el amor, la generosidad, la sinceridad y la ternura. Una mujer quiere que su pareja demuestre públicamente preocupación sincera por lo que le ocurre a ella, sus hijos o incluso sus mascotas. Si eres mujer solo imagina que piensas de un hombre al que le gustan los animales, se desvive por los niños, te ofrece algo para cubrirte del frío, se sienta a ver contigo tu película romántica favorita o la serie de televisión que te hace reír a carcajadas. Si eres hombre y no lo haces, es hora de que empieces a hacerlo.

---

[27] La fidelidad es una actitud de **alguien que es fiel, constante y comprometido con respecto a los sentimientos, ideas u obligaciones que asume.** Deriva de la palabra en latín, FIDELITAS Que significa servir a un dios. La fidelidad es la **capacidad, el poder o la virtud de dar cumplimiento a las promesas.** También es la capacidad de no engañar, de no traicionar a los demás. Cuando se rompen estos compromisos se llama infidelidad.

- **Compromiso.** Un hombre que promete compromiso se compromete a seguir aportando sus recursos. Las mujeres de todas partes acusan a los hombres de tener fobia al compromiso y huir del amor. ¿Qué significa el compromiso para las mujeres? Desde tiempos ancestrales ha significado lo mismo, está en tu información (inconsciente). Lo explico: una relación sexual que termine en embarazo, implicaría para ella 10 o 15 años para el proceso total de tener un hijo, desde la gestación hasta que pudiera valerse por sí mismo. Para un hombre la inversión de tiempo sería mínima, tal vez unos minutos y después se iría a buscar otra aventura. Como el hombre está programado para extender sus genes tanto como sea posible (inconsciente), tiene pánico a la monogamia y entiende perfecto que compromiso implica compartir recursos. Una mujer requiere que le demuestre el compromiso, ya que para ella lo que implicaría un embarazo son 9 meses de gestación y 4 o 5 años más para criarlo y que alcance un nivel básico de independencia para sobrevivir. Por ello el cerebro de la mujer está programado para buscar hombres que se comprometan a estar cerca cuando menos 6 años, que participen en la alimentación y en la crianza de su hijo. Desde el punto de vista biológico, la mujer no quiere que el hombre participe en la procreación y sustentación de un hijo con otra mujer. El único recurso legal que todavía permanece en la actualidad para sentir la seguridad de que sólo estará con ella es el matrimonio. Es así en casi todas las mujeres de las sociedades contemporáneas.

- **Cultura e inteligencia.** Un hombre con un alto nivel cultural e intelectual se considera más apto para conseguir recursos. Ambos aumentan la posibilidad de ocupar lugares más cualificados en las empresas, por lo tanto la posibilidad de acceder a más poder, estatus o recursos. Si bien las mujeres actuales siguen programadas para sentirse atraídas por hombres con una seguridad económica, también se esfuerzan por conseguir su propia estabilidad. La no dependencia les de la posibilidad de elegir si se quedan o se van, por lo tanto, si un hombre encuentra a una mujer así, más vale que redoble sus esfuerzos para que ella quiera permanecer a su lado, pues ella a elegido libremente compartir su tiempo con él, no por alguna necesidad económica.

- **Tiempo.** Una mujer valora sobremanera el tiempo que le regala su pareja. Para una mujer el anillo de compromiso es importante y el tamaño del mismo deja ver lo que el hombre está dispuesto hacer por ella, eso va implícito a la vista de los demás. Pero más importante aún es el tiempo que le dedicó para dárselo, todos los preparativos y todo lo que hizo por ese momento previo al acto. Otra manera es que valora más que le lleve una rosa o una flor que cortó en el camino a casa, que el ramo de rosas enviado por un mensajero, esto no significa que si como hombre tienes este tipo de detalles, los dejes de hacer, solo ve la diferencia en su rostro cuando experimentes lo anterior. Valora más que él haga cosas por ella en la casa y así pueda ir a charlar con sus amigas, aunado a que cuando regrese ya estén concluidas por ese día las labores hogareñas. Lo mismo ocurre cuando la invita a comer a un restaurante, ella realmente espera que además de la comida fuera de casa, al regresar pueda tener tiempo para descansar.

LOS HOMBRES QUIEREN:

- Sexo.
- Servicios básicos: la comida, casa limpia, que sean buenas madres.
- Que los amen y los hagan sentir siempre como el número uno.
- Tiempo para sí mismos, sin interrupciones.

Es así de simple, los hombres filtran todo lo que dicen y hacen a través de estas cuatro premisas. Si como mujer tienes la capacidad de discernir lo que un hombre necesita en cada momento, tienes muy altas posibilidades de que un hombre permanezca a tu lado como tú quieres.

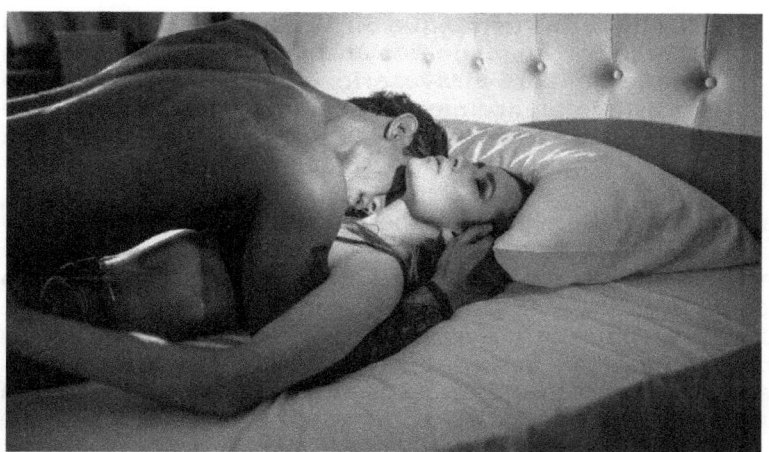

La distinción está en que lo que un hombre considera importante es irrelevante para una mujer y viceversa.

Un ejemplo claro de esto es que cuando un hombre pasa horas en su trabajo y además tiene la osadía de pasar horas extras para tener la posibilidad de proveer refugio y alimento, la mujer lo interpreta que da más importancia a su trabajo que a su familia.

Los hombres harán lo necesario para obtener estos servicios de las mujeres: cenas románticas, ir a bailar, mostrarles su lado sensible, hablarles como ellas quieren y todo eso que ya sabemos. Su único objetivo es conseguir uno o más de estos servicios, y entre más pronto, mejor.

Un hombre hace muchas cosas por sexo y las mujeres lo saben. Va desde llevarlas de compras, una cena romántica, al cine, lleva a los niños a dormir, lava los trastes, etc. ¿Cómo se sabe que un hombre espera recibir sexo a cambio? Simple: porque no lo haría por otro hombre.

Tienen que preservar la especie por la tanto siempre quieren sexo, también está en su biología. Si como mujer lo aceptas y no lo tomas personalmente o tienes la creencia que es lo único que quiere, no es así, quiere más servicios, pero para él este es el principal. Además, también son competitivos por naturaleza, así que quieren a una mujer que sea capaz de darle lo mejor a él y a sus hijos.

"La historia cuenta que Sir Walter Raleigh cubrió un charco con su magnífico abrigo nuevo para que una mujer pudiera atravesarlo. ¿Por qué? Porque había estado quince meses en el mar y necesitaba sexo desesperadamente. Ningún hombre en su sano juico hubiera hecho eso con su carísima prenda."

Para ellos es natural lo que esperan de una mujer al compartir sus recursos: un refugio limpio y acogedor, además de comida para que puedan reponer fuerzas después de haber dejado la vida en la oficina o en el trabajo y así tener la fuerza suficiente cuando se enfrenten nuevamente en la jungla de asfalto al día siguiente. Recuerda que en su psique sigue estando que son los proveedores y cazadores, solo que el mamut ahora se llama sueldo. El mamut ya no es de carne y hueso, es el dinero que permite darles refugio y comida a su familia.

Al hacerlos sentir el número uno de la vida de una mujer, de la familia, reconociendo sus esfuerzos, su nivel de testosterona sube en automático y como bien sabes, es una hormona que transmite el movimiento y la impulsividad, generando que vayan y den lo mejor de sí para tener el reconocimiento de la especie.

Algo que valoran sobremanera es tener tiempo para ellos, es básico, pues requieren renovar la energía cuando fueron a poner a prueba sus dotes de cazadores y trajeron el dinero a casa. Lo menos que quieren es hablar y anhelan un espacio para estar en su cajón de la nada.

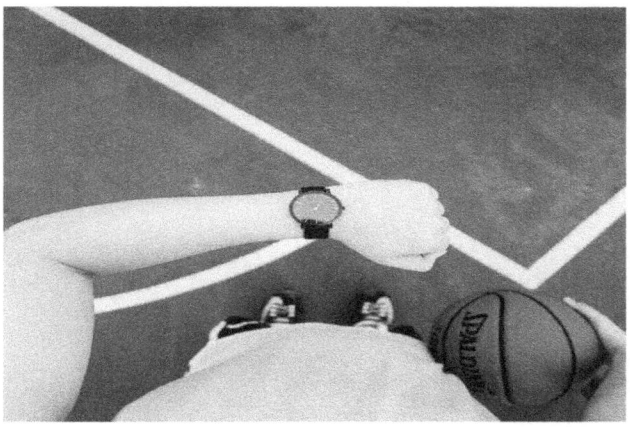

Ellos tienen esa capacidad, tienen un cajón de la nada en su cerebro, las mujeres no. Si eres mujer y un hombre dice "no tengo nada", por favor, créele, no proyectes en él tu interpretación o lo que quieres decir con "no tengo nada". La palabra nada tiene dos significados, dependiendo si la expresa un hombre o una mujer.

Observando la comunicación

Esta es una de las distinciones que te ahorrará muchos dolores de cabeza y te apoyará a entender lo que ha sucedido hasta ahora con las relaciones que tienes. Funciona para pareja, padres, hijos, jefes y en general, para cualquier relación humana. Si lo practicas, te aseguro que empezarás a ver cambios radicales.

- **Visual.** Una persona visual es aquella que se expresa diciendo: mira, ve, observa, imagina, habla mucho con las manos y con el cuerpo. Se viste de una manera impecablemente combinada en colores, luce pulcra y se fija en el mínimo detalle en su atuendo, incluso su ropa interior debe de combinar con el exterior, aunque sólo ella lo sepa. Su entorno es altamente ordenado, todo tiene un lugar y parece que. si movieras algo, el balance se perdería. Una persona visual le gusta, bueno no solo le gusta, requiere ver que la amas o la quieres. A una persona visual le encantan los regalos, que le escribas, que la veas a los ojos cuando te está hablando, que se note que la tienes presente. Es como si fuera un ojo, imagina que eres un ojo, un ojo no oye y no siente, solo ve.

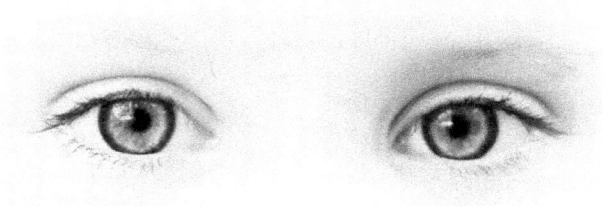

- **Auditiva.** Una persona auditiva es aquella que se expresa diciendo: oye, escucha, dije. Generalmente su tono de voz es pausado o muy fuerte, su lenguaje es muy amplio y sofisticado, recuerdan todo lo que les dijiste en algún momento, regularmente es gente que escucha de lado para poner atención. Son los que menos atención le ponen a su manera de vestir. Su entorno no es visualmente ordenado, regularmente tienen música suave o con mucho silencio, buscan un ambiente ergonómico[28], sin importar como se vea. Son las que dicen: "tengo un desorden bien organizado". Es como si fuera una oreja, no ve ni siente, solo escucha.

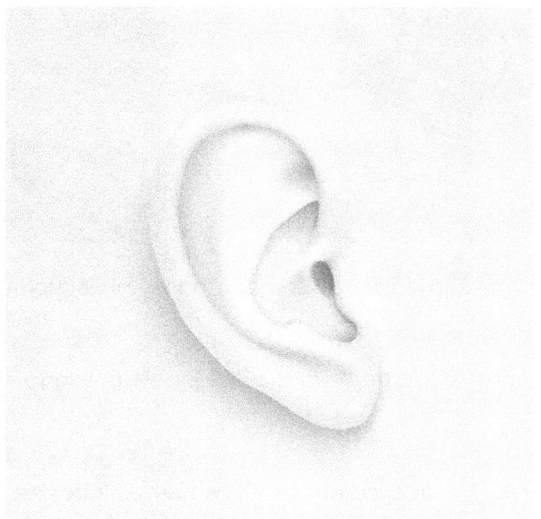

- **Kinestésico.** Las personas kinestésicas hablan muy rápido, a veces piensan más rápido de lo que hablan, les gustan las cosas inmediatas, se mueven muy de prisa, son las personas que cuando te saluda, te tocan en el brazo, te besan en la mejilla o te dan un abrazo. Su apretón de manos es fuerte, se dejan sentir. Visten muy cómodos, zapatos cómodos, no les importan las marcas, solo buscan comodidad, son de las personas que tienen varias playeras o camisas o pantalones iguales, cuando mucho varían el color. Lo que más valoran es la comodidad. Su entorno es igualmente cómodo, no importa si está desordenado o si los muebles son viejos, lo que busca es que su ambiente sea cómodo.

---

[28] **Ergonomía:** Estudio de las condiciones de adaptación de un lugar de trabajo, una máquina, un vehículo, etc., a las características físicas y psicológicas del trabajador o el usuario.

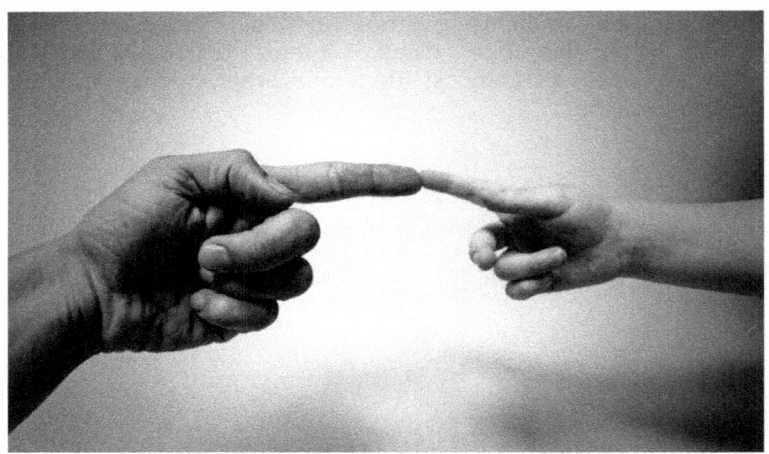

Es como si fuera una mano, la mano no ve ni escucha, solo siente.

Probablemente estés pensado: ¿éste que tiene que ver con mis relaciones?

Es la esencia, ya que como aprendemos es nuestra manera de comunicarnos. Actualmente hay hasta 12 maneras distintas de aprender, sin embargo, todas abarcan de una u otra forma la gráfica anterior. Vamos de descifrarla y adaptarla a tus relaciones personales.

Antes que todo, como dicen por ahí, cuando se trata de hablar de dos, siempre es mejor empezar por uno/a mismo/a. Así que es muy importante que te identifiques cuál es tu manera de aprender. Y si te estás diciendo: "tengo de las tres, soy visual, auditivo y kinestésico", es normal, todos tenemos de todo, sin embargo una es la que más te define y las demás te complementan.

Ahora bien, si tu pareja es visual, por más que le digas que la amas y la adoras, que le pongas canciones románticas, que le digas poemas al oído, ella va a pensar que no la quieres, porque lo que necesita es que se lo demuestres. Necesita ver que la quieres con un regalo, con flores, con que hagas algo por ella.

Si tu pareja es auditiva y todos los fines de semana le llevas flores, una vez al mes la llevas a cenar al mejor restaurante o todos los días le envías mensajes de texto para que lea lo mucho que la quieres, ella va sentir que no la quieres porque no se lo dices. Con todo lo anterior tienes que agregar que la tienes que escuchar. Una persona auditiva necesita escuchar que la quieres, no que se lo demuestres con regalos. También te tengo noticias, el 80% de las mujeres son auditivas, por lo tanto, si tú no les dices que las amas y las escuchas, aunque lo único que quieras es estar solo cuando llegas de ir a cazar al mamut, pues alguien más lo hará por ti. Recuerda, es estadística.

Si tu pareja es kinestéscia, le gusta que la abraces y la beses, que duermas de cucharita, que siempre estés en contacto físico con ella de una y de otra forma. Si le regalas cosas y todos los días le dices que la amas, pero no la tocas, entonces va a sentir que no la quieres. Te tengo noticias también a ti mujer, el 80% de los hombres son kinestésicos, así que si tú no estás disponible y dispuesta para él, para el sexo, entonces alguien más lo va a ser por ti. Recuerda es estadística.

Igualmente, si pones atención con tus hijos, tus amigos, tus compañeros de trabajo, tu jefe, tus padres, entablarás mejor comunicación, por lo tanto, mejores relaciones sociales.

Sexo: el común denominador

"El encuentro de dos personas es como el contacto de dos sustancias químicas: si hay alguna reacción ambas se transforman."
Dr. Carl Gustav Jung

Como te has dado cuenta, se ha mencionado la palabra sexo varias veces y sus derivados: sexual o sexualidad. Es un común denominador tanto para los hombres como para las mujeres, ya que forma parte de la naturaleza de vivir.

Como hemos dicho, las mujeres lo relacionan mucho con el amor y para los hombres son dos situaciones que pueden operar aparte, sin la mayor de las complicaciones.

El amor no se cultiva, el amor solo hay que dejarlo salir, porque ya viene incluido en nuestra información. Son las barreras que hemos puesto alrededor de él lo que no deja que se manifieste. El amor es natural y cada quien sabe si elige operar su vida desde el amor o desde el miedo.

La naturaleza es armonía, es como una orquesta que sabe el ritmo que requiere en cada momento para funcionar a la perfección. Los seres humanos somos los que le hemos puesto la artificiosidad a nuestra manera de vivir, hemos prostituido el acto más hermoso y de la más elevada y pura energía que existe: el acto sexual. Lo hemos convertido en un intercambio de momento, en algo banal, superfluo, en algo sin una consciencia plena de lo que significa, lo hemos cosificado y degradado a tal extremo que ni nos documentamos al respecto, que realmente no hablamos de él en una sobremesa, lo tenemos escondido. El acto sexual es algo que todo mundo hace, pero que pocos hablan de él con la naturalidad que merece.

No porque lo practiques quiere decir que sepas todo lo que implica, es como saber manejar un coche, no por ello sabes exactamente cómo funciona ni conoces todas sus partes.

Imaginemos al amor como un río, un río forma parte de la naturaleza. Un río sabe que tiene que llegar al mar, que podríamos compararlo con la vida. Un río sabe cuál es su camino y su destino. Se topará con montañas o veredas, pero un río sabe cuál es su curso y lo seguirá, y como tiene energía y vida, romperá rocas y montañas, atravesará llanuras y llegará al mar, por muy lejos que esté. Un río nunca le peguntará a un policía en qué dirección está el mar, el sólo sigue su ser y su intuición.

Ninguna barrera de la naturaleza es una barrera, porque es parte de ella y funciona en armonía, sin embargo si el ser humano construye diques y presas, entonces esto es algo artificial, lo cual pude impedir que el río llegue al mar.

Así los seres humanos construyen barreas alrededor del amor, entonces ellos mismos impiden que el amor se manifieste de forma natural y espontánea. Las obstrucciones que la naturaleza le impone al río, quizá sirvan para generar más energía en él, sirven de provocaciones para invocar lo que está latente en el ser.

Es como sembrar una semilla, la tierra la aplasta y parece que obstruye su crecimiento, pero no es así. Si la capa de tierra no estuviera, la semilla no germinaría, aunque aparentemente la capa de tierra la está aplastando, al hacerlo la ablanda, hace que se desintegre y se transforme en brote. Si una semilla no brota, solemos culpar a la tierra, a que no tuvo suficiente agua o suficiente abono, pero si no brotan las flores del amor en un ser humano solemos decir "tú eres el responsable". A nadie se le ocurre que todos hemos contribuido con nuestro actuar, nuestras proyecciones y nuestro inconsciente colectivo, para que el amor no brote en un ser humano.

Por lo tanto al negar o reprimir la energía sexual, se está reprimiendo o negando el amor. Cuando reprimes, cuando niegas y sabes que lo quieres y lo deseas, te consume una energía brutal, permaneciendo obsesionado con lo mismo.

Ya leímos que para los hombres es uno de los servicios que buscan en las mujeres, ya vimos como la revolución sexual fue uno de los motivos por lo que las mujeres siguieron con el feminismo. Sexo, sexo, sexo en todas horas y en todo lugar. Pensamos en él más veces al día de lo que lo aceptamos, y no lo hablamos porque se nos enseñó a que era pecado y hasta cierto punto sucio, por el placer que provoca. Se nos enseñó a con creencias lapidarias tales como: "lo que genera placer mata, engorda o es pecado".

El sexo es sublime y más que el sexo, el acto sexual hecho con amor y entrega, te coloca a las puertas del paraíso y en una conexión con Dios directo y sin escalas.

¿Qué significa la palabra sexo?

- Sexo: Este vocabulario se define a una condición o estado orgánico ya sea masculino o femenino, aplicado a los seres vivos como las plantas y los animales. Órganos sexuales y reproductivos masculinos y femeninos de los seres vivos. Cualquier actividad de tipo sexual como el coito entre otras prácticas.

Su etimología viene del latín sexus, cambiado por sectus, que quiere decir sección o separación.

Es vital entender y aceptar que no se puede apartar a los seres humanos del sexo, ya que se les pone en contra de su propia naturaleza, sería como pedirle al río que de marcha atrás, que regrese a donde inició. Se les ha predispuesto a luchar contra la energía sexual, en la superficie se les enseña a dejar a un lado los conflictos, todas las luchas, pero en el fondo, lo que fundamentalmente se les enseña es a luchar: "la mente es un veneno, el sexo es pecado, así que lucha contra él". Se les enseña a vivir conflictos internos y luchas sin tregua. Por un lado se les dice que esta vida es para gozar y disfrutar, sin embargo cuando disfrutan y gozan del sexo, se sienten culpables y pecadores, ya que creen que los aleja de Dios, sin darse cuenta que es cuando más cerca están de él.

El sexo es la fuente misma de la vida, nacemos de él, es el punto de partida de la vida y los "santos" dicen que es pecaminosa. Cuando ves que se abre una flor estás viendo la culminación de un acto sexual y nadie dice nada. Las religiones y las culturas envenenan la mente de los seres humanos para que se enfrenten a su energía sexual, en lugar de fluir con ella. La distinción está en que no hay que luchar contra el sexo, sino reconciliarse con él. Los seres sobre esta tierra que más piensan en el sexo son los humanos. Los animales tienen su época de celo y las plantas su época de dar fruto. Los seres humanos piensan en sexo veinticuatro horas al día, trescientos sesenta y cinco días al año. Lo hacen porque tienen la capacidad de tener sexo solo por placer, más allá de la necesidad de reproducción.

Las personas que lo reprimen son muy peligrosas, si no vean lo que les ocurre a los sacerdotes y a todas las personas que lo reprimen. Dentro de ellos hierve un volcán, y solo son rígidas y controladas de dientes para afuera. Todo lo que está bajo control requiere tal derroche de energía que no se puede mantener todo el tiempo. ¿Cuánto tiempo puedes estar con los puños cerrados? Cuanto más aprietes los puños, más te cansarás y más pronto tendrás que abrirlos, todo lo que requiere esfuerzo, más pronto te cansará y empezará a ocurrir lo que querías evitar. Tu mano puede estar abierta todo el tiempo, pero tu puño no puede estar apretado permanentemente. Todo lo que requiere esfuerzo requiere un descanso.

Desde la más tierna infancia se enseña que el sexo es pecado. Cuando llegan a la adolescencia comienza la curiosidad por su cuerpo y comienzan a experimentar sensaciones antes dormidas, su cuerpo es una fuente de placer hasta ahora encubierto y nadie les ha hablado al respecto. Cuando mucho en esta época se les menciona a los niños y adolescentes la reproducción humana, sin embargo, nadie les habla del placer, de qué ocurre emocionalmente después de una relación sexual y la responsabilidad que esto implica. A lo que más atinan las madres y los padres decirles a sus hijos: cuídate, no te vayas a embarazar y les compran los condones. Cuando llegan a la edad de casarse o iniciar una vida en pareja, lo que saben del sexo es lo que han investigado en internet, lo que les dicen sus amigos que tienen en el mejor de los casos la misma experiencia que ello. En su inconsciente está tatuada la siguiente información: el sexo es pecado y todo lo que te da placer es pecado.

En India, por ejemplo le dicen a la joven que a su marido lo tiene que venerar como Dios y ella se pregunta: ¿Cómo puedo venerarlo si me lleva al pecado? Al joven le dicen: "Ella es tu esposa, tu compañera de vida, tu media naranja.". Pero ella le conduce al infierno, porque las escrituras dicen que la mujer es la puerta del infierno. ¿Y ella es mi compañera de vida y me llevará al infierno? ¿Cómo puede haber armonía con ella?

Tales enseñanzas religiosas han destruido la vida conyugal de las parejas en el mundo entero, cuando se destruye así la vida de una pareja, cómo puede haber lugar para el amor, no tiene posibilidades de mostrarse.

Todos en este mundo dicen que aman, esposas, madres, padres, hermanos, amigos, todos lo aseguran. Si eso fuera real, los resultados serían otros. Si miramos la vida como algo colectivo, el amor casi no se manifiesta. Si en cada casa brillara el amor, el mundo sería una estrella con luz propia. Se tienen flechazos de amor, eso sí.

> **"Es mentira que todo el mundo ame, y mientras sigamos creyendo esa mentirano podemos iniciar el viaje para que el amor se haga realidad. Aquí nadiequiere a nadie. Y hasta que no se acepte plenamente que elsexo es algo natural, nadie podrá querer a nadie."**
>
> **Osho**

El sexo es divino, la energía del sexo es energía divina, es la más pura conexión con Dios. Es la fuerza creadora de vida, la más poderosa y misteriosa que existe. Reconcíliate con el sexo, acéptalo, conócelo, disfrútalo. Acepta la voluntad del sexo con buena voluntad.

El mayor error que comenten los adultos es el de suponer o asumir que algo se sabe por el hecho de alcanzar alguna edad, además de que pierden el sentido de la curiosidad y no quieren preguntar de algo que les llama la atención para no evidenciar su ignorancia.

El día que aceptes que las tres palabras más peligrosas que existen y frenan la evolución y el conocimiento son: ya lo sé, ése día inicia tu camino a despertar tu consciencia.

Sólo hay una persona que lo sabe todo, y no porque tenga la totalidad del conocimiento, sino porque ya murió y no puede aprender más.

En uno de los Talleres de *"Consciencia emocional y sexual"*, una señora de más de 65 años, lloró al compartir con todos los participantes cuando nos dijo: "Yo siempre creí que todo lo que había hecho había sido pecado."
"La vida no vivida es una enfermedad de la que se puede morir."
Dr. Carl Gustav Jung

Recapitulando

Como te darás cuenta son dos MUNDOS que se complementan a las mil maravillas con un objetivo: seguir creando vida.

- Mujeres evolutivamente contrariadas.
- Ufanamente feministas.
- Nada será igual.
- Dos es igual a uno.
- Observando la comunicación.
- Sexo, el común denominador.

En su gran mayoría, las mujeres evolutivamente contrariadas racionalmente quieren independencia, reptilianamente quieren protección. Todavía tienen en sus genes la información de sus ancestros (inconsciente) y socialmente (racionalmente) su evolución ha sido en un abrir y cerrar de ojos. Adquirir consciencia al respecto es básico para encontrar un equilibrio emocional que les permita aceptar su vulnerabilidad como fortaleza y su capacidad natural de cómo apoyar a su pareja.

El feminismo ha traicionado a las mujeres, ya que cada vez están más independientes, pero solas. También socialmente el feminismo le ha quedado a deber a la sociedad, ya que los resultados que tenemos hasta ahora, distan del ideal que se pretendía.

Ya nada será igual para los hombres, ya que fueron rebasados por la derecha por las mujeres. Ahora les corresponde redoblar esfuerzos, ya que la mujer los está dejando atrás, la invitación para las mujeres que realmente quieran una relación de pareja es que aminoren un poco el paso, no que dejen de avanzar, solo que lo hagan más lento para que le den oportunidad a los hombres de alcanzarlas.
Si dejamos el ego y la lucha de poder abierta y disfrazada, de dos personas haremos un mismo objetivo, el cual podrá tener los resultados esperados si hombres y mujeres no pierden el enfoque.

Observando la comunicación nos damos cuenta que tal vez no nos habíamos comunicado adecuadamente con nuestra pareja, ya sea si la tenemos o la tuvimos. Es momento de aprender a observar los detalles del lenguaje, verbal y no verbal, solo así podremos ser más asertivos.

Sexo, viene a ser el común denominador entre hombres y mujeres. Los hombres porque lo requieren por naturaleza y las mujeres porque quieren tener más sexo, aunque no sea con su pareja. La mujer en general utilizó la revolución sexual para "vengarse" de todo lo que por décadas fue objeto: infidelidades y represión. Para las mujeres, es hora de respirar y saber con exactitud qué busca con la apertura sexual.

Pasos a seguir

1. Escribir tus 10 fortalezas y tus 10 debilidades.
2. Escribe 10 características que ofreces como pareja.
3. Escribe 10 características que quieres de tu pareja.
4. Escribe 10 valores importantes para ti.
5. Escribe, de esos 10 valores, cuáles son infranqueables y cuáles no son infranqueables.
6. Contesta el cuestionario que encontrarás a continuación.

CUESTIONARIO PARA HOMBRES

	SECCIÓN 1	RARAMENTE	A VECES	CASI SIEMPRE
1	Estoy en mi índice de masa corporal recomendada.			
2	Digo la verdad en mi curriculum.			
3	Si una mujer flirteara conmigo con la mirada, reconocería la señal.			
4	Sé leer entre líneas cuando alguien dice algo.			
5	Hago ejercicio o deporte regularmente.			
6	Me cuelgo medallas por cosas que he hecho, pero no por las que no he hecho.			
7	Cuando veo un regalo especial o único, suelo comprarlo para alguien.			
8	Tengo un torso en forma de V.			
9	Cuando estoy en una relación, escribo notas a mano, envío mensajes de texto y correos electrónicos diciendo a mi pareja lo especial que es.			
10	La mayoría de gente cree que tengo un buen sentido del humor.			
11	Me encantan los niños y los animales.			
12	Sé qué es el punto G y cómo encontrarlo.			
13	Soy bueno escuchando y me conmueven las necesidades de los demás.			
14	Los que me conocen dirían que tengo buenos modales.			
15	Tengo una buena piel y un cutis sin impurezas.			
16	¿Cómo se considera en relación a la altura del hombre medio	Bajo	Estatura media	Alto
	Total de cruces en cada columna			

	SECCIÓN 2	RARAMENTE	A VECES	CASI SIEMPRE
17	Me gusta conocer gente nueva, hacer nuevos amigos y soy sociable.			
18	Me río de mí mismo.			
19	Noto cuando los demás sienten dolor, pena y tristeza.			
20	Actualizo mi fondo de armario regularmente, especialmente la ropa interior.			
21	Suelo pensar en formas de hacer que mi pareja se sienta querida.			
22	Encuentro muchas cosas de las que reírme en mi vida cotidiana y lo hago abiertamente.			
23	La gente que me conoce diría que tengo sentido común.			
24	Tengo en cuenta las necesidades de la gente importante en mi vida.			
25	Me enorgullezco de mi cuidado personal, por ejemplo, siempre llevo limpios el pelo, las uñas, la piel.			
26	Me gustan los chistes y me río de ellos.			
27	Cuando conozco a una persona con quien quiero tener una relación y que está interesada en mí, hago lo que sea para cortejarla.			
28	Regularmente digo "te quiero" a mi pareja.			
29	A menudo hago la cena, lavo los platos y dejo la noche libre a mi pareja.			
30	La mayoría de gente cree que soy un individuo honesto y sincero.			
31	Me siento seguro de mi imagen física y mis habilidades físicas.			
32	Aun cuando las cosas se ponen difíciles, puedo sacar algo positivo.			
33	Cuando decido hacer algo, no paro hasta conseguirlo.			
34	Si a alguien se le caen 500 pesos, los recojo y se los devuelvo.			
35	La gente que me conoce diría que tengo tablas en la escuela de la vida.			
36	Mi cuerpo es simétrico.	No	Casi	Sí
	Total de cruces en cada columna			

	SECCIÓN 3	RARAMENTE	A VECES	CASI SIEMPRE
37	Tengo una actitud positiva ante la vida y unos objetivos claros. Soy ambicioso.			
38	Estoy dispuesto a compartir mis recursos con la pareja de mi vida.			
39	Sé que las primeras impresiones son clave en cómo me voy a llevar con esas personas.			
40	Me esfuerzo por aumentar mis recursos.			
41	Mi manera de vestir y acicalarme puede influir en mi estatus ante los demás.			
42	Nunca tendría secretos con mi pareja y creo que la sinceridad es lo mejor.			
43	Si aparece un obstáculo en mi vida, sé encontrar soluciones creativas para superarlo.			
44	Me esfuerzo por mejorar mis habilidades.			
45	Con la palma de la mano hacia Usted, mírese el dedo anular. ¿Es más largo o más corto que el índice?	Más Corto	Igual	Más largo
46	¿Cómo son sus ingresos en comparación con los del hombre medio?			
	Total de cruces en cada columna			

PUNTUACIÓN TOTAL

SECCIÓN 1	RARAMENTE	A VECES	CASI SIEMPRE
Total de las cruces en cada columna			
Multiplica por	1	2	3
Total Sección 1			

SECCIÓN 2	RARAMENTE	A VECES	CASI SIEMPRE
Total de las cruces en cada columna			
Multiplica por	1	4	6
Total Sección 1			

SECCIÓN 2	RARAMENTE	A VECES	CASI SIEMPRE
Total de las cruces en cada columna			
Multiplica por	1	6	9
Total Sección 1			

TOTALES	RARAMENTE	A VECES	CASI SIEMPRE
Sume los totales de cada Sección			

**Sume sus puntuaciones
= Su puntación de pareja _____**

CUESTIONARIO PARA MUJERES

	SECCIÓN 1	RARAMENTE	A VECES	CASI SIEMPRE
1	Si aparece un obstáculo en mi vida, sé encontrar soluciones creativas para superarlo			
2	Me río de mí misma.			
3	Estoy en mi índice de masa corporal recomendada.			
4	Encuentro muchas cosas de las que reírme en mi vida cotidiana y lo hago abiertamente.			
5	Sé escuchar.			
6	Aun cuando las cosas se ponen difíciles, puedo sacar algo positivo.			
7	Disfruto y me río con los chistes que cuentan los hombres.			
8	Hago ejercicio y/o deporte regularmente.			
9	Atiendo y escucho sin sacar conclusiones precipitadas.			
10	La gente que me conoce diría que tengo tablas en la escuela de la vida.			
11	Mantengo la concentración hasta que he terminado de hacer algo.			
12	Cuando estoy en grupo de gente con éxito, me siento cómoda hablando con ellos.			
13	La mayoría de los que me conocen piensan que tengo un buen sentido del humor.			
14	La gente que me conoce diría que tengo sentido común.			
15	¿Cómo se considera en relación a la altura de la mujer media?	Bajo	Estatura media	Alto
	Total de cruces en cada columna			

	SECCIÓN 2	RARAMENTE	A VECES	CASI SIEMPRE
16	Me gusta conocer gente nueva, hacer nuevos amigos y soy sociable.			
17	Tengo una buena piel y un cutis sin impurezas.			
18	Pongo a mi pareja por delante cuando hay otros hombres alrededor.			
19	Soy sociable y hablo con la gente sin problema.			
20	Mantengo buena higiene/cuidado personal.			
21	Mantengo en secreto los detalles de relaciones y amantes del pasado.			
22	No me molesta que a los hombres les encante la pornografía.			
23	Tengo una actitud positiva ante la vida.			
24	Cuido mi aspecto y actúo cuando no me siento a gusto con él.			
25	Me tomo mi tiempo antes de decidirme a practicar el sexo con la nueva pareja.			
26	Sé cómo hacer que un hombre se sienta inteligente e importante.			
27	Mi rostro es simétrico.	No	Casi	Sí
	Total de cruces en cada columna			

	SECCIÓN 3	RARAMENTE	A VECES	CASI SIEMPRE
28	Para mi es importante ser fiel a mi pareja.			
29	Tengo orgasmos.			
30	Tengo por lo menos un conjunto de lencería sexy.			
31	Soy creativa en el sexo y doy el primer paso.			
32	Cumplo el porcentaje de 70% cadera-cintura.			
33	Con la palma de la mano hacia Usted, mírese el dedo anular. ¿Es más largo o más corto que el índice?	Más corto	Igual	Más largo
34	¿Aparenta mayor o menor edad de lo que en realidad es?			
	Total de cruces en cada columna			

PUNTUACIÓN TOTAL

SECCIÓN 1	RARAMENTE	A VECES	CASI SIEMPRE
Total de las cruces en cada columna			
Multiplica por	1	2	3
Total Sección 1			
SECCIÓN 2	RARAMENTE	A VECES	CASI SIEMPRE
Total de las cruces en cada columna			
Multiplica por	1	4	6
Total Sección 1			
SECCIÓN 2	RARAMENTE	A VECES	CASI SIEMPRE
Total de las cruces en cada columna			
Multiplica por	1	6	9
Total Sección 1			
TOTALES	RARAMENTE	A VECES	CASI SIEMPRE
Sume los totales de cada Sección			

**Sume sus puntuaciones
= Su puntación de pareja** _____

Puntuación y resultados

*Puntuación masculina: 46-109
Puntuación femenina: 34-77*

Este es el grupo con menor puntación de deseabilidad, sin embargo, tiene grandes posibilidades de mejorar su nota de pareja.

Las personas en el rango bajo no se preocupan demasiado por su aspecto, su estatus, su capacidad para conseguir recursos, su salud y su bienestar en general. Buscan a personas de su mismo grupo, sus parejas potenciales no ven la necesidad de que cambien y lo más probable es que ni siquiera estén leyendo este libro.

Una persona con una puntación en la parte alta es más probable que lea este libro y esté preparada para mejorar su puntuación, porque quiere hacer cambios en su vida.

Puntuación masculina: 110-215
Puntuación femenina: 78-150

Este grupo de personas puede tender a los altibajos. Pueden descender a la franja más baja pero también pueden esforzarse a subir rápido de nivel. En este grupo se encuentra la mayor parte de la población.

Muchos se sentirán orgullosos de encontrarse en este grupo porque las parejas más probables también estarán en esta categoría. Pasar al siguiente nivel si quieren pueden hacerlo, aunque requiere un gran esfuerzo. Las parejas de mejor calidad están en los niveles superiores.

El tipo de persona de esta categoría es la que contrata a especialistas en el ramo que desea para mejorar, puede contratar a un entrenador personal, asistir a seminarios, comprar libros, ir a cursos, contratar un coach, un mentor o un orientador.

El trabajo invertido no solo se reflejará en el ámbito personal, sino también en el laboral.

Puntuación masculina 216-258
Puntuación femenina: 151-180

Las personas en este ramo tienen gran confianza en sí mismas y son emprendedoras. Saben lo que quieren en la vida y suelen ir por ello. Es muy raro que las personas de este grupo bajen de nivel, si no es por consecuencia de una crisis que los lleve allá. Sin embargo, no tardan mucho tiempo en levantarse y regresar a su nivel. Cuando alguien de este tipo tiene un problema no necesita que se lo digan, seguramente ya está tomando cartas en el asunto. Aquí es donde están las estrellas de cine, líderes mundiales, altos ejecutivos, profesionales de éxito y las parejas más deseadas.

Capítulo 5

Origen de la sexualidad

"En temas de sexualidad, somos actualmente todos nosotros, enfermos o sanos, nada más que hipócritas."

Dr. Sigmund Freud

Es importante iniciar definiendo que es la sexualidad.

- Sexualidad. Es el conjunto de las condiciones anatómicas, fisiológicas y psicológicas que caracterizan al sexo. También hace referencia al apetito sexual, con un propósito de placer y al conjunto de fenómenos emocionales y conductuales vinculados al sexo.

Antiguamente se consideraba a la sexualidad solamente instintiva. Por lo tanto, los comportamientos sexuales estaban determinados biológicamente y todas las prácticas que no estaban dirigidas a la procreación, eran consideradas como antinaturales.

Para la Organización Mundial de la Salud, (OMS) la sexualidad humana abarca tanto las relaciones sexuales (el coito[29]), como el erotismo, la intimidad y el placer. La sexualidad se expresa a través de pensamientos, acciones, deseos y fantasías.

---

[29] El vocablo coito deriva del latín "**coïtus**" que se refiere a la **unión íntima entre dos sexos o cópula sexual**. Consiste en la introducción del **pene en la vagina o el ano**. El período de durabilidad de un **acto sexual** puede ser desde **dos minutos hasta más de cuarenta minutos**, sin ser estos parámetros limitativos.

Lo más importante es que a este mundo vienes a desaprender, no a aprender, ya que naces con información genética de tus ancestros. Prácticamente eres hipnotizado y programado con las creencias de tus padres cuando te piensan, si es que tuvieron tiempo para planearte, durante el embarazo y los primeros 8 años de tú vida. De ahí en adelante, nos toca desaprender para comprender y evolucionar.

La sexualidad se integra por diversos FACTORES: familiares, anatómicos, culturales, de tipo religioso, de tu origen, con fines reproductivos, específicos y sociales. Para que los recuerdes:

- Familiares.
- Anatómicos.
- Culturales.
- Tipo religioso.
- Origen (hombre o mujer).
- Reproductivos.
- Específicos.
- Sociales.

Familiares

> "Las primeras nociones de la sexualidad aparecen en el lactante."
>
> Dr. Sigmund Freud

La primera influencia que llega a tu vida con respecto a la sexualidad es tu familia. Ellos son los que contribuyen de una manera tajante en el concepto que te irás formando de tu propia sexualidad.

Todo lo que te hayan dicho desde que eras una bebé y te empezabas a explorar, cuando curioseabas al tocar tu cuerpo entre tus dos y tres años, pues sin buscarlo habías descubierto que tocarte daba placer, hasta te dabas cuenta que tus papás cerraban la puerta y no te dejaban entrar. No te hablaban claro y con la verdad, pero sí te decían algo como: "si haces cosas a escondidas es malo", inocentemente te preguntabas: ¿entonces mis papás están haciendo algo malo? Así de incongruentes somos los seres humanos, nuestros actos nos delatan y nuestras palabras quedan sepultadas.

Si tuviste una hermana que se embarazó en la adolescencia, si tuviste toqueteos o abusos por parte de tíos, primos o tu propio padre, si vienes de madres solteras y así por generaciones, si tus padres se divorciaron, si tu papá o tu mamá te abandonaron de niño/a, si te hablaron de sexo o no, si te decían que masturbarte era pecado, todo eso ha contribuido para el concepto de sexualidad que tienes hoy.

La familia en la sociedad mexicana tiene un gran peso en la individualidad. Por la familia se deja de ser en ocasiones, por la familia no quieres irte a vivir a otra ciudad o país, buscas vivir cerca de ella cuando te casas, etcétera. La familia ocupa un lugar importante, sin embargo, en ningún lado está escrito que deba de ser a costa de tu salud o tu bienestar emocional. A veces, la sana distancia entre la familia es lo mejor que puedes hacer por ti.

La distinción está en que seas consciente de lo que tu familia significa para ti, lo que estás dispuesto a hacer por ella y que pongas tus límites claros. Se trata que cuestiones tus creencias, para ver qué tanto son tuyas y qué tanto de tu familia.

> "El pequeño mundo de la niñez con su entorno familiar
> es el modelo del Mundo. Cuanto más
> intensamente le forma el carácter la familia,
> el niño se adaptará mejor al mundo."
>
> Dr. Carl Gustav Jung

Anatómicos

> "Hablando de anatomía humana, el cuerpo
> es para la sexualidad lo que un lienzo
> en blanco para el pintor."
>
> Ivonne Jurado

La mente no puede sentir, para eso está el cuerpo, para hacerle saber a la mente lo que se siente al experimentar cada sensación que se vive. El cuerpo juega un papel fundamental a la hora del acto sexual, ya que todo él es fuente de placer. Empezando por las famosas zonas erógenas, seguidas por tu maravillosa imaginación y tu capacidad de adoptar diferentes posturas.

Las terminales nerviosas son las responsables de la sensibilidad de cada persona, entre más te dejes llevar por el momento que vives, con plena entrega, más placer sentirás. Estás en el acto sexual para darte en todos los aspectos, al dejar que tu cuerpo hable, habla el amor y la capacidad de crear un momento único e irrepetible. El lenguaje del cuerpo es universal, él sabe lo que tiene que hacer, es a tu mente a la que tienes que aquietar y confiar en la sabiduría infinita que palpita en cada célula de tu cuerpo.

Una madre dijo a su hija: "Tu cuerpo es como un violín Stradivarius, tienes que saber cómo tocarlo para que encuentres al virtuoso que emitirá la mejor música de ti, porque si no lo haces así, te convertirás en un guitarrón".

Si Dios nos dotó de toda esta capacidad para sentir goce y placer, nuestra única obligación es hacer que suceda. Yo no creo en un Dios que nos ponga al alcance de la mano el alimento para prohibir que lo comamos.

Culturales

La cultura también forma parte de nuestra sexualidad. Imagina si tu familia ha influido en tu sexualidad, ahora hazlo magno, así de fuerte es la influencia cultural, o acaso no te has cuestionado el ¿Por qué practicas el sexo más a menudo en la noche que en el día? ¿Por qué te vistes de determinada forma durante el día y otra durante la noche? ¿Por qué aquí sí puedes usar mini falda o lucir tu cabello y en medio oriente no?

En ocasiones hasta se puede pensar si el acto sexual es natural o es cultural. Es natural y está aderezado por la cultura en donde te tocó nacer y vivir. Si eliges mudarte a otro país, pues tu sexualidad se verá afectada en la manera que estabas acostumbrado a practicarla, es inevitable. Bien dice el viejo y conocido refrán: "A donde fueres haz lo que vieres."

Una de las mayores virtudes que tiene el ser humano es la adaptabilidad, así que de ti depende que tan adaptable seas a las nuevas circunstancias o que tan aferrado seas a tus creencias. La flexibilidad mental te apoya para el crecimiento, la inflexibilidad te deja en el mismo lugar.

"La mayoría de la gente no quiere la libertad realmente, porque la libertad implica responsabilidad, y la mayoría de la gente le teme a la responsabilidad."

Dr. Carl Gustav Jung

Tipo religioso

"Las doctrinas religiosas son ilusiones que no admiten pruebas, y nadie puede ser obligado a considerarlas como verdaderas o creer en ellas."

Dr. Sigmund Freud

La religión judeocristiana ha sido una de las más castrantes en cuanto a la sexualidad se refiere. Desde que los seres humanos nacemos con un pecado original, cuando el hijo de Dios, Jesús, nace de una inmaculada concepción, sin sexo, cuando Eva come del árbol prohibido y desde entonces a la mujer se le da la dualidad de pecadora y santa a la vez.

Se crea una confusión tal que al momento de empezar a descubrir la sexualidad, la palabra culpa y pecado es lo primero que viene a nuestra mente, impidiendo disfrutar el goce de acercarnos a Dios a través del orgasmo, que es la liberación del ego por unos cuantos segundos.

La invitación es qué te cuestiones tus creencias, qué investigues, que se despierte en ti esa curiosidad con la que veías el mundo cuando eras niño, todo lo preguntabas, todo lo querías saber. De hecho, había veces que te daban una respuesta que aun con esa edad te dabas cuenta que pretendían pasar por encima de tu inteligencia. Si eliges seguir creyendo está bien, pero ya crees conscientemente y no en automático. Si eliges no creer, también está bien, porque ya es una elección tuya, como adulto responsable y no porque alguien dijo que así tenía que ser.

> **"Cuando más accesibles son los frutos del conocimiento, más extendido es el declive de las creencias religiosas".**
>
> **Dr. Sigmund Freud**

Hasta ahora todas las religiones se han enfocado en algo que ni siquiera conocen: la muerte. La muerte es un estado mental que se han empeñado en hacernos creer como una medida de control. Si se hace esto u otro, si no pecas o si pecas siempre y cuando te arrepientas, entonces irás al cielo después de la muerte. Te la pasas dejando de vivir la experiencia de esta vida, pensando en un futuro que no sabes ni conoces.

Si no le encuentras sentido a lo que hay antes de morir, no le podrás encontrar sentido a lo que hay después de morir.

Quizá has oído hablar de la Ley de Emil Coué, científico francés, la Ley del efecto inverso. Coué dice que nuestra mente está gobernada por la ley del efecto inverso. Nos encontramos precisamente con lo que luchamos con todas nuestras fuerzas de no ver, porque nuestra consciencia se centra únicamente en eso.

La humanidad lleva casi 5,000 años tratando de alejarse del sexo, con el resultado de que el sexo se encuentra en todas partes y a la vuelta de la esquina, y en estos tiempos a un click de distancia en los teléfonos inteligentes. Si te has fijado la mente se siente atraída e hipnotizada por lo mismo que intenta evitar. Quienes han enseñado a los seres humanos a que se enfrenten al sexo, son los responsables de que estés obsesionado con él. Uno de estos responsables es la religión.

Se ha convertido a los seres humanos en unos pervertidos y eso también en nombre de la religión, se habla de celibato, pero no se hace ningún esfuerzo por comprender la energía sexual del ser humano. Por tanta represión, hay tanta enfermedad, tanta neurosis, tanta histeria y tanta infelicidad.

Te voy a contar una historia.

Un sacerdote se dirigía a su iglesia, al atravesar un sembradío vio a un hombre herido, sin embargo le quedaba poco tiempo para llegar a oficiar la misa y dar un sermón sobre el amor. El hombre le gritó y le dijo:

-Padre, sé que va a la iglesia a impartir un sermón sobre el amor, yo también pensaba ir, sin embargo unos ladrones me asaltaron y me apuñalaron. Si sobrevivo, le contaré a la gente que me dejó abandonado por ir a impartir a la iglesia un sermón sobre el amor. Piénselo bien, no me abandone.

El sacerdote se preocupó, ya que si lo dejaba y le contaba al pueblo, se diría de él que sus sermones eran pura farsa, no le preocupaba el moribundo. Al aproximarse vio su cara y le dijo:

-Me parece que te he visto antes.
-Claro que sí -respondió el herido-. Soy Satanás y tengo relaciones de innumerables años con los sacerdotes y los dirigentes religiosos.
-No puedo salvarte -respondió el sacerdote-. Es mejor que mueras.

-El día que yo muera, se te acabó el negocio, -dijo entre risas

Satanás-. No puedes existir sin mí. Eres quien eres porque estoy vivo, yo soy el origen de tu profesión.

119

-Mi querido Satanás, no te preocupes, voy a llevarte al hospital para que te atiendan. No te mueras, por favor. Tienes razón, si te mueres, yo y los sacerdotes del mundo nos quedaríamos sin trabajo. -Dijo el sacerdote.

Tal vez te resulte inconcebible que Satanás sea la raíz de la profesión sacerdotal, aún más que el sacerdote se encuentre tras la obra de Satanás y tras la explotación del sexo en el mundo entero. No se ve que los sacerdotes estén detrás de todo esto, pero el sexo atrae cada vez más porque los sacerdotes lo condenan. Cuanto más lo prohíben más misterioso resulta.

Lo que hace falta es saber más de sexo, hablar más de sexo, el conocimiento es poder y conocer el sexo puede convertirse en un gran poder. No es recomendable vivir en la ignorancia, mucho menos recomendable es vivir en la ignorancia del sexo.

"La inmoralidad no menos que la moralidad, siempre han encontrado apoyo en la religión."

Dr. Sigmund Freud

Origen (hombre o mujer)

Con esto me refiero a cómo naces, tu sexualidad y el disfrute de la misma, está determinada en inicio por la información genética que existe en cada célula de tu cuerpo. Las áreas ya están designadas con anterioridad, si tienes un pene o una vagina, para empezar.

Si naciste con pene, sabes lo que siente vivir con un pene desde que llegaste al mundo, sabes lo que es orinar de pie, porque a alguien un día se le ocurrió que era lo correcto y así te enseñaron. Anatómicamente parece ser lo más recomendado, sin embargo, te has puesto a pensar que en algún momento de la historia ¿Alguien hubiera tenido la brillante idea de que el hombre orinara sentado y la mujer de pie? Hacemos cosas porque así nos enseñaron y en automático, sin prestar atención o ver más allá de lo evidente.

También sabes lo que es andar con el sexo al aire, sin que lo tengas que buscar, sabes que como eres hombre puedes hasta comparar el tamaño del mismo con tus compañeros o amigos, en las duchas comunes de gimnasios o en los vestidores de los equipos deportivos, puedes andar en pelotas y nadie te dice nada, es natural para ti.

También has tenido que vivir con la inseguridad que siembra en ti la frase "el tamaño sí importa", frase lapidaria que llega a tu mente y te encarcela, pues existe prácticamente un culto al pene en nuestra sociedad que de verdad, ha llevado a los hombres a darle tanta importancia, que olvidan que son mucho más que un pene.

Su sexualidad tiene una y mil maneras de experimentarse además de la vía genital.

Si eres mujer, sabes lo que es tener tu sexo encubierto por tus caderas, que eso de andar con el sexo al aire no es lo más común, sabes que te enseñaron a ser pudorosa. Hoy en día en los baños de los gimnasios cuando voy en modo observador[30] veo a las señoras y jovencitas como hacen malabares para ponerse las pantaletas y los sostenes. Agarran las toallas con la boca, la tienen alrededor de su cuerpo, se colocan de espalda, más vale que se les vea el trasero que mostrar su sexo.

Si eres mujer, además sabes lo que es tener senos, no importa el tamaño, siempre será objeto de miradas furtivas. Sabes que si lo dejas ver un poco, los hombres harán un gran esfuerzo por no bajar la mirada cuando están hablando contigo, eso si quieren causar una buena impresión. Habrá otros que sean más instintivos y dejen aflorar sin ton ni son las miradas a tu pecho. Por favor, no lo tomes personalmente, es su naturaleza, los hombres son visuales, la intención si son libidinosos o no, no te pertenece a ti mujer, tú no provocas nada. Esas frases lapidarias de que las mujeres son "provocativas" no te corresponde, tú tienes tu lugar en la creación, lo que los demás vean en ti, es proyección de sus miedos y represiones, de hecho, una mujer es más poderosa cuando está desnuda o prácticamente desnuda que cuando está con ropa. A qué me refiero: hace un tiempo escuché en la radio en una entrevista a una teibolera[31]. Ella mencionaba que lo hacía porque tenía hijos y que un trabajo "decente" no le alcanzaba para darles lo que ella consideraba justo. Lo que me llamó la atención de su relato fue lo siguiente: "He sufrido más acoso sexual cuando tengo ropa que sin ella". Comentaba que en "teibol" los hombres mostraban su lado tierno después de verla bailar, le ofrecían su saco para cubrirla y empezaban a platicar. Nada es como uno lo imagina, hasta que lo vive.

---

[30] El modo observador es aquél que no se posiciona y no toma juicio. Sólo ve y graba imágenes en el cerebro. Un ejemplo es que, si ve el color verde, solo ve color verde, no le coloca ningún adjetivo calificativo ni de juicio.

[31] Esta palabra no existe en el diccionario, en México se refiere a una mujer atractiva, que sabe bailar y deleitar con sus danzas sobre una mesa. Table en inglés significa mesa, se pronuncia teibol.

Desconozco si hay concursos improvisados de vaginas entre las amigas como lo hay de los penes entre los hombres, sin embargo sí sé que hay concursos improvisados de pechos y todos hemos visto las famosas camisetas mojadas. De hecho hasta se han hecho libros al respecto de lo que una mujer puede conseguir con su busto.

Esto no quiere decir si está bien o mal, sólo ponte en modo observador, sin juzgar ni criticar, es lo que es.

> **"El stripping es una 'danza sagrada de orígenes paganos' y el dinero que los hombres colocan en las tangas es una 'ofrenda al ritual'. Cuando más una mujer se quita la ropa, más poder tiene."**
>
> **Camile Paglia.**

Si eres mujer, prácticamente toda tú, eres una zona de placer, será por ello que tu clítoris está recubierto, porque su única función es darte placer y lo siente al menor roce, por ello no anda al aire como el pene.

Te voy a contar lo que nos heredaron los griegos, para que comprendas el por qué los hombres andan desnudos y nadie dice que está mal y las mujeres andamos cubiertas y todo mundo está de acuerdo con ello.

La mujer en la antigüedad, en la época greco romana, era dueña de un espacio privado, cerrado, cubierto con un domo y por ello se le conocía como el espacio doméstico. El espacio femenino era cerrado, privado, del cual nadie habla y ahí vive una mujer que no debía hablar de nadie más.

Sin embargo el espacio del hombre era el espacio abierto, era la plaza pública. Los griegos estaban convencidos de que cuando un hombre hablara, todo mundo tenía que escucharlo, por ello todo se resolvía en una plaza pública, al aire libre, para que todo mundo escuchara la palabra masculina.

Nos lleva a que en el imaginario colectivo a la siguiente conclusión: que el espacio público y abierto sea el espacio masculino y el espacio cerrado, doméstico y cubierto sea el femenino.

Después los Griegos desarrollan el concepto de cuerpo. Por lo tanto, el cuerpo del hombre debía ser abierto, debía ser visto. Provocando que los hombres fueran al gimnasio[32], a practicar ejercicios físicos sin ropa, era costumbre hacerlo desnudos.

La desnudez le pertenece al hombre y así se representaba su cuerpo en las estatuas griegas. Cosa diferente a la mujer, la mujer debía de estar cubierta, porque la desnudez no le pertenecía a la mujer.

La mujer no debía meterse en los aspectos públicos ni en cuestiones políticas, porque ella para eso tiene su casa.

Bajo esta premisa la mujer es doméstica. Todo esto llega a la Edad media y esta idea todavía está en la mente de las bisabuelas y las abuelas, que fue lo que les transmitieron a tus padres y tus padres a ti. Sigue en el inconsciente colectivo.

Un hombre debe ser activo, en movimiento, por lo tanto, la movilidad le pertenece al hombre. La Diosa Hestia que es asociada con el hogar, con el altar de fuego de la casa, por lo tanto, la mujer tenía un lugar en la casa, el gineceo[33] y no podía salir de su casa si no se lo permitía el hombre.

---

[32] Del latín gymnasium y este del griego gymnásion, derivado de gymnázein 'hacer ejercicios físicos' y este de gymnós 'desnudo'.

[33] Parte de la casa de los antiguos griegos en donde vivían las mujeres.

Si ella tenía el atrevimiento de hacerlo y salía al espacio público, inmediatamente dejaba de ser mujer y legalmente se convertía en algo que ni era mujer ni hombre. Le llamaban que era una "mujer pública", por tal motivo, no la defendía la legislación. La mujer era privada, al romperse este espacio y la mujer invadir espacios que no le eran designados, que no le pertenecían se convertiría en una mujer pública.

Así que un cuerpo tiene mucho que ver en como vives o has vivido tu sexualidad, aunado a lo que has aprendido, la imagen que tuvieron tus ancestros de él y lo que enseñaron al respecto, aunado al inconsciente colectivo.

"No es la forma de tu cuerpo lo que importa, lo que importa es lo puedes transmitir y lo que eres capaz de sentir y hacer sentir con él."

Ivonne Jurado

Reproductivos

Está por demás decirte que es uno de los factores principales de tu sexualidad. Tú descendencia y la permanencia de la raza humana.

La salud sexual depende mucho de la higiene que tengas con tu aparato reproductor, sea masculino o femenino. Es de vital importancia que te informes al respecto y más que te informes que lo lleves a acabo, ya que cuando la hormona sube la neurona baja, es decir, cuando Eros apremia, la inteligencia disminuye y la mente te vende rápido dos ideas para poder saciar su necesidad biológica y primitiva:

- A mí no me va a pasar, no me voy a embarazar, sólo les pasa a los demás. (Hablando de embarazos y enfermedad es de transmisión sexual).

- No creo que pase, y si pasa, pues está la píldora del día después.

En cuanto al sentido biológico, todos sabemos cómo funciona, sin embargo pocos hablan del lado emocional, de los conflictos y la lucha interna que viven las personas por practicar el sexo sin consciencia, como una moneda de cambio. Sobre todo si ya tuvieron la fortuna de haberlo practicado con amor, con responsabilidad y con entrega total. Después de eso, ya nada es igual.

Dicen que la información es poder, sin embargo la información sin acción se queda corta. En la era digital está al alcance de un click que puedas investigar más. La invitación solamente es que verifiques la fuente, no creas todo lo que leas, filtra de acuerdo a tu consciencia, tu intención y tu experiencia.

Depende de ti cuidar y dar mantenimiento a tu aparato reproductor, ya que como su nombre lo indica es un aparato.[34] Y, a diferencia de los aparatos que ha hecho el hombre, el aparato reproductor humano funciona y crea con la mayor energía disponible en la Tierra, la energía sexual, sinónimo de CREADORA DE VIDA.

Específicos

[34] Objeto formado por una combinación de piezas y elementos que sirve para desarrollar un trabajo o función determinados y que generalmente funciona mediante energía eléctrica, en especial cuando se especifica su función.

Casi te puedo asegurar que hasta este momento, sólo has imaginado personas sin discapacidad, personas que se pueden mover por sí solas, que tienen sus cuerpos completos y funcionando.

Como ya vimos, la sexualidad es natural y está en todo ser humano, en ningún lado se establece que las personas discapacitadas tanto cerebral como físicamente no tengan derecho o no tengan sexualidad. Antes que todo son humanos y como humanos claro que la tienen.

Los mitos o el suponer que no es así recae en los padres, que son los que por sus creencias o por una miopía auto impuesta, no quieren aceptar que sus hijos tienen el desarrollo de cualquier persona, se vuelven adolescentes y después adultos, y tiene todo el derecho de vivir y experimentar su sexualidad en la intimidad, como el resto.

Los mitos impactan negativamente en la persona con discapacidad, ya son seres perceptivos e inteligentes. Su cerebro funciona diferente, a otro nivel o ritmo, y nadie, absolutamente nadie que no lo viva, tiene derecho a decidir por alguien más.

Algunos mitos son: "de eso no se habla", "son ángeles", "son asexuados" o "son hipersexuados", "son niños eternos", "tienen una sexualidad dormida" o "tienen una sexualidad incontrolada", "no tienen deseos ni necesidades sexuales", "no son atractivos", "nadie los podrá amar", "no pueden ni deben formar pareja, casarse, procrear", "en caso de necesidad deberán autosatisfacerse".

Esta situación se silencia, es como el elefante blanco que puede estar en tu sala y nadie habla de él, o como el avestruz, que al esconder la cabeza en la tierra, cree que los problemas desaparecerán por no verlos. La educación sexual se considera peligrosa e innecesaria, por lo tanto se evita, se reprime, limitando el pleno ejercicio de sus derechos sexuales y reproductivos.

La sexualidad en personas con discapacidad no es ni peor ni mejor que la de los demás, es la suya y por lo tanto, se debe de tratar con el mismo respeto, sin juzgar y sin tomar decisiones por ellos, como ligar unas trompas de Falopio haciéndoles creer que los van a operar de apendicitis.

Tienen derecho a ser informados, tener una educación sexual, expresar y experimentar su sexualidad, formar una pareja, tener una vida sexual independiente y derechos reproductivos.

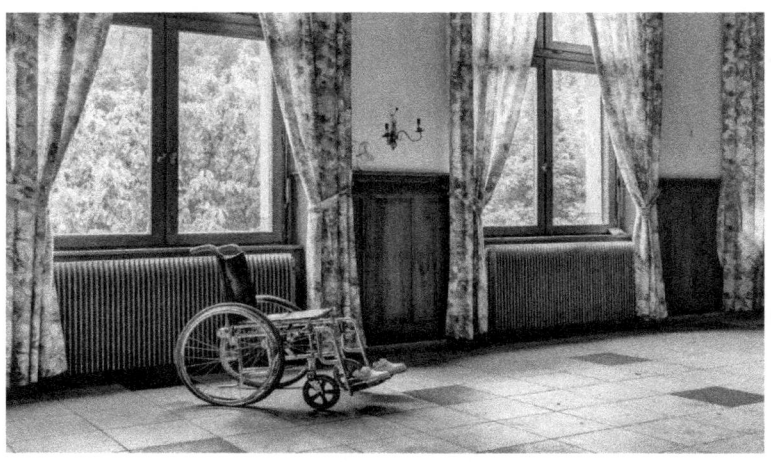

Sociales

"El precio que pagamos por nuestra avanzada civilización es una pérdida de felicidad, a través de la intensificación del sentimiento de culpa."

Sigmund Freud

Esta frase de Freud fue expresada por él en la época Victoriana, en donde vivió una gran represión, sin embargo, bien aplica en la actualidad. La sociedad es una de las grandes impulsoras de la represión sexual, ya que parece estar lista para juzgar y criticar cualquier acto de sus integrantes.

La sociedad y su doble moral o moral conveniente, que por un lado reprime y por el otro pone al alcance todo tipo de actividades relacionadas con el sexo, es una hipócrita. Las "buenas personas" son las que más han hecho que el sexo se vea como un misterio, pues lo han castrado desde su persona, por consiguiente, con sus congéneres.

En la actualidad las apariencias son la realidad de nuestros días, ya que por un lado las personas parecen puras y santas cuando se mueren por dejar salir sus instintos de lujuria y pasión.

La sociedad impone su interpretación de un hecho de acuerdo al momento, además la sociedad mediática que ahora somos todos, vamos sacando juicios a priori sin los argumentos suficientes para más o menos formar una opinión al respecto.

El morbo, la crítica, el vivir la vida ajena son deportes nacionales que si hubiera olimpiadas, seguro la sociedad se llevaría el primer lugar. La sociedad ha llevado a sus integrantes a que sean menos libres, ya que cualquier movimiento puede ser usado en su contra y si es sexual, aún más.

Los actores, los políticos, las estrellas del espectáculo tienen derecho a su intimidad, como todo ser humano, sin embargo, la sociedad confunde su vida pública y quieren que la vida privada también sea pública. Están bajo el ojo justiciero de la sociedad que es juez y parte al respecto. Por lo tanto el mundo de la farándula y la política vive reprimido, porque si tienen a bien hacer un comentario fuera de lugar o participen en un hecho incómodo, que pudiésemos estar involucrados cualesquiera de nosotros como humanos que somos, a la clase política y a la gente que se dedica al mundo del espectáculo, la sociedad no perdona y cree que por ser personas públicas, no tienen derecho a equivocarse.

La sociedad también presiona a que hagas cosas que no quieres o no estás de acuerdo, pero es tanta la presión social, que sin darte cuenta, terminas cumpliendo sus caprichos. Un ejemplo de esto es cuando una mujer se divorcia. Una mujer divorciada está marcada a donde vaya, ya que por ser divorciada los hombres asumen que pueden insinuar sus intenciones sexuales con ella y que por ser divorciada está "urgida", esperando el hombre que ella acepte en automático. Otro ejemplo es que ella se convierte en un "peligro" para las mujeres casadas, pues ellas temen que "les quiten" a su marido por dos miedos básicos: no se sienten seguras como mujeres y a la vez sienten envida que una mujer se haya atrevido a hacer algo que tal vez ellas anhelan y no se atreven. En ocasiones también los hombres piensan que una mujer divorciada tiene más tiempo libre, lo cual es un error garrafal, ya que si ella tiene hijos, ahora ya no hay quien la apoye en el cuidado y crianza de los mismos. Sucede todo lo contrario, su tiempo se contrae.

Así que la sociedad es una farsante, porque por un lado apoya la liberación de la mujer, pero cuando se topa con una mujer liberada en lugar de acogerla, le cierra las puertas en sus tribus o clanes. Por un lado hace creer que la mujer casada es una mujer que se respeta. Sobre ella versa la creencia lapidaria de que no puede comportarse como una prostituta en la cama con su marido, que debe ser recatada y rescatada de tal situación sólo si su marido toma la iniciativa, porque de no ser así, si ella osa tener iniciativas sexuales lo primero que viene a la mente de su pareja es "¿quién ten enseñó eso?" y se acaba el encanto de la creatividad sexual. Ella vive atada y a expensas para poderse disfrutar de que su sacrosanto marido tenga la brillante idea tomar la iniciativa de la creatividad en el acto sexual.

Provocando lo anterior lo que la misma sociedad condena y quiere evitar: la infidelidad, ya que habrá mujeres que estén dispuestas a tener aventuras con hombres casados y hombres que vayan a pagar por el sexo que quieren tener en casa, pero que no se atreven porque su mujer es pura y santa. Esta creencia que está en el inconsciente colectivo, no pertenece a las mujeres y hombres, pertenece a lo sociedad y a la religión.

Es en la sociedad civilizada donde existe mayor prostitución, perversión y represión sexual. Eres una persona moral si te adaptas y respetas las reglas impuestas por la sociedad, eres inmoral cuando no lo haces así, y serás juzgado por ello, aunque no le hagas daño a nadie.

Cuando una sociedad es represiva, lo que está generando es volverse tolerante y cuando una sociedad es tolerante, está adquiriendo impulso para volverse perversa y puede ser tan perversa que por un lado "inventa" la inmoralidad y por otro te da el remedio para que te vuelvas moral.

> "Una religión, incluso si se llama religión de paz, debe ser dura y despiadada con quienes pertenecen a ella."
>
> **Sigmund Freud**

La represión sexual, socialmente hablando, ha llevado a generar violencia. La energía no se crea ni se destruye, tan solo se transforma. ¿Por qué la energía sexual debería estar exenta de esta Ley? No puede, una ley funciona para todo, por eso se llama ley, estés de acuerdo o no.

Si uno de los fines de la sexualidad o la energía sexual es crear vida y vivimos en el mundo de los opuestos, si no está creando vida, entonces crea muerte. Cualquiera de estas dos creaciones es capaz de generar placer.

¿Se han preguntado por qué a los soldados los tienen alejados de mujeres en un cuartel? ¿Por qué un ser humano es capaz de matar a otro ser humano? Cuando un ser humano no es consciente de ello, la responsable de que sea capaz de matar en una guerra es su energía sexual acumulada. Un saldo no distingue en ese momento qué lo impulsa a hacerlo, racional o reptilianamente podrías decir: "se está defendiendo, es su vida o la de los demás". Si es atacado, es natural y biológico que lo haga, pero ¿y si no? Si mata personas que ni siquiera se pueden defender, como se atacan poblados civiles de una manera premeditada y artera.

Y qué decir de todo lo que te enteras en las noticias, de personas aparentemente normales, con una vida moralmente aceptable según la sociedad, que de pronto cometen homicidios o atacan personas indefensas. En muchos de estos casos existe un común denominador: personas violadas o atacadas sexualmente antes de morir.

Esto no quiere decir que si no tienes sexo te vayas a convertir en un violador o asesino, afortunadamente la naturaleza es sabia y tiene su válvula de seguridad: la creatividad y le apuesta al amor.

En su libro "Piense y hágase rico", Napoleón Hill enlista las 30 causas del porqué las personas fracasan al ir a buscar sus sueños. Dos de ellas quedan como anillo al dedo en este momento:

- Falta de control del impulso sexual. La energía sexual es el más poderoso de los estímulos que mueven a la gente a la acción. Por ser la más poderosa de la emociones, debe estar controlada mediante la transmutación y ser canalizada por otras vías.

- Selección errónea de pareja en el matrimonio. Se trata de un caso muy común de fracaso. La relación que se establece en el matrimonio, hace que las personan se encuentren en íntimo contacto. A menos que esa relación sea armoniosa, es muy probable que se produzca el fracaso. Además, será una forma de fracaso que se verá marcada por la miseria y la infelicidad, destruyendo toda la ambición.

Este segundo punto es de vital importancia para la prosperidad de la familia y la relación de pareja. La armonía es manifiesta cuando existe la triada de: amor, sexo y compromiso en una sola mujer. No hay ningún trabajo que se le haga pesado a un hombre, ya que está motivado para dar lo mejor de sí. La mujer debe de comprender que el sexo y el amor no están pelados, forman uno mismo, uno espiritual y el otro biológico. Por ello se requiere mujeres que sepan su papel fundamental en las relaciones, en ellas recae un encargo importante tratándose de la familia. Recuerda que hormonalmente la oxitocina es la responsable de mantener los lazos familiares unidos.

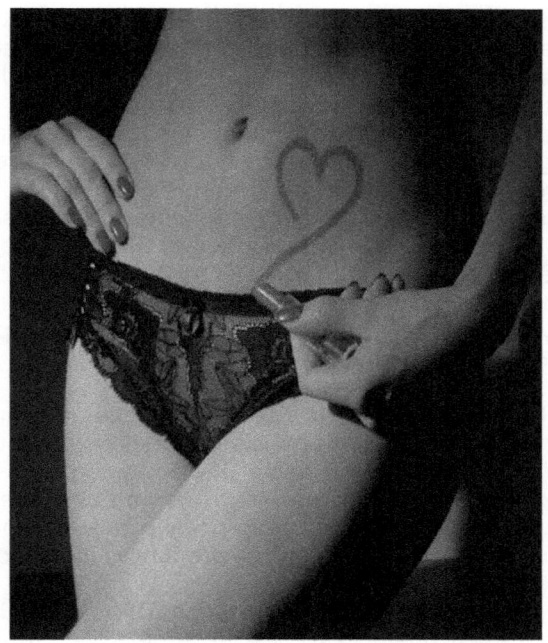

Si la mujer fuera consciente del todo el poder sexual que tiene y lo usara a favor de su familia, no habría tantos divorcios. Es una realidad que existen más divorcios cuando la mujer se dio cuenta de su capacidad para intervenir en el mundo laboral, es algo que ya no va a dar marcha atrás, ni estoy proponiendo que se haga, sin embargo, las consecuencias han sido devastadoras a nivel general.

No por esto la carga le toca completamente a la mujer, faltaría más. El hombre también debe de tener la suficiente capacidad para que la calidad de sus recursos sea un motivador para su pareja. La principal función del hombre es ser proveedor y si le negamos eso, no se lo demandamos como mujeres, los estamos debilitando. Lo más placentero para un hombre es llevar recursos a su familia.

El mensaje está claro: para que una mujer elija estar con un hombre, ahora este hombre debe ser capaz de proveer más de lo que ella genera con su empleo. Si eso no ocurre habrá más mujeres solas y más hombres que se filtren solos, es decir, que ni siquiera se acerquen a una mujer por la inseguridad que les provoca ganar menos que ella. La distinción está en que se conozca realmente el propósito de tales acciones, si es porque está de moda ser una mujer autosuficiente, cueste lo que cueste, o es porque realmente es lo que impulsa a la mujer. El hombre también debe estar consciente de si ya se acomodó en este mundo, en donde la mujer se convierte en el sostén principal y es feliz así, o realmente quiere retomar su posición de hombre proveedor que viene en su inconsciente.

Para que las cosas funcionen a la inversa, que una mujer sea la proveedora y un hombre el amo de casa, se requiere una pareja muy evolucionada que va a hacer un frente común a la presión social, que como ya dijimos es castrante, porque si los dos están juntos, serán objeto de alabo, pero cuando cada quien estén con sus amigos, seguro serán objeto de preguntas incómodas.

Volviendo al primer punto: la transmutación de la energía sexual. Es básico que estés consciente de ello. ¿Por qué crees que los hombres exitosos, económicamente hablando, lo han conseguido? Entre otras cosas es por disciplina, un propósito definido, consagrándose a él y una tenacidad inquebrantable. Conjuntamente con todo lo anterior es porque han sabido transmutar su energía sexual. Probablemente tú ya lo hagas de manera natural, sin darte cuenta.

Transmutar en producir un cambio, el deseo sexual es el deseo más poderoso que existe. Si eres joven, eres un volcán de hormonas con ese deseo a flor de piel y sólo piensas en sexo y en como apagar la llama de la ansiedad que te provoca el no tenerlo. Sin embargo, si eres mayor de 40 años, en promedio, entonces esa ansia por el sexo ha disminuido por muchas razones. Sin embargo, el deseo sexual vive en ti, no desaparece. Por lo tanto, es en esta época de su vida cuando el hombre o la mujer se vuelven más productivas/os, o mejor dicho, más creativas/os, porque están transmutando su deseo sexual hacia una actividad creativa o lucrativa. Muchos de los artistas en sus periodos de creación carecen de relaciones sexuales, porque saben que todo ese deseo y toda esa energía, son su principal combustible.

¿Cómo controlar o transmutar la energía sexual? Teniendo sexo sin eyaculación, por ejemplo, no derrocharla a diestra y siniestra tanto si eres soltero como si eres casado, no derramarla fuera del hogar porque es vida lo que estás dejando ir que no regresa a ti. La diferencia cuando dejas tu energía sexual en el hogar es que a la mañana siguiente ves a tu esposa y ella te regresa esa energía. Por la energía que sientes al día siguiente es que vas a cazar el mamut como el único y más poderoso de todos los hombres, así te sientes y seguro lo transmites.

Así que si la presión social te dice que entre más sexo tengas en mejor, la invitación es que tanto si eres hombre o mujer, te cuestiones primero a quién vas a satisfacer, si a los demás par que no hable de ti o a ti mismo para que cumplas tus objetivos. La elección es tuya, es tu vida y tú eliges como vivirla. Ahora ya tienes más elementos para que tus elecciones sean conscientes y alineadas a tu congruencia personal. Recuerda, escucha tu intuición y en silencio, tomarás las mejores decisiones para ti.

En el taller *"Consciencia emocional y sexual"* creamos un espacio de comunicación clara, llamando a las cosas por su nombre, dando hincapié a que las personas expresan sus opiniones. No hay posicionamientos, sólo aceptación y libertad de expresión.

> **"Los hombres construyen a la sociedad y la sociedad construye a los hombres."**
>
> **B.F. Skinner**

Recapitulando

La fórmula para que recuerdes que la sexualidad es natural se llama: FACTORES.

- Familiares.
- Anatómicos.
- Culturales.
- Tipo Religioso.
- Origen (Hombre o Mujer).
- Reproductivos.
- Específicos.
- Sociales.

La familia es nuestro primer referente, lo que escuchabas cuando eras niño, lo que te decían, lo que veías fue formando una manera de ver la sexualidad sin que te dieras cuenta.

La anatomía es una creación de la mente, ya que la mente no puede sentir, requiere el cuerpo para hacerlo.

La cultura es otro ingrediente más, depende en donde hayas nacido, es como vives tu sexualidad.

La religión ha sido una de las grandes responsables de la represión sexual, el dolor y la culpa generada en millones de personas cuando experimentan su sexualidad ha sido por incontables años.

Dependiendo si eres hombre o mujer, creciste con una manera de experimentar la sexualidad, incluso a nivel corporal. Una mujer y un hombre sienten diferente, su psique está influenciada de manera distinta. Los factores de origen hacen una gran diferencia en la cama.

La reproducción es probablemente el factor fundamental de la sexualidad: estamos hechos para crear vida, por ello nos complementamos.

También las personas con alguna discapacidad tienen derecho a vivir su sexualidad, las situaciones especiales son especiales, no limitativas.

La sociedad es fuente de juicio y represión. El valor que le hemos dado, siendo juez y parte de este juego perverso, ya que la sociedad dice qué es lo aceptable y pone a la mano lo que no considera así.

Pasos a seguir

1. Escribe lo que recuerdes de tu infancia respecto a la sexualidad: qué te decían tus padres, tus tíos, tus hermanos.
2. Si tuviste algún tipo de abuso o acercamiento sexual, escribe lo que recuerdes. Redacta una carta de perdón a tu agresor (ya sea por acción u omisión).
3. Escribe cómo vas a convertir esa experiencia en algo productivo para tu vida presente.
4. Escribe 5 creencias limitantes que tienes respecto al sexo.
5. Escribe, si eres padre o madre, qué vas a hacer para que tus hijos tengan una educación sexual diferente a la tuya.

Capítulo 6

Reviviendo el deseo sexual

"El deseo nunca se satisface del todo."

Jacques Lacan

Tal vez esa sea la clave de que el deseo siempre es movimiento, porque naturalmente no está hecho para satisfacerse completamente.

¿Qué significado tiene la palabra deseo?

- Del latín desidium, deseo es la acción y efecto de desear, que significa anhelar, que se apetece, que se aspira a algo. El concepto nombra al movimiento afectivo o impulso hacia algo que se busca, se quiere.

¿De dónde proviene el deseo?

Deseo

Sentimiento

Emoción

Esto es una explicación para fines prácticos, porque en realidad, aún no se sabe en dónde nace el deseo. Sólo se sabe que es parte de la naturaleza humana, las diversas corrientes de pensamiento aún no se ponen de acuerdo cuál es su origen.

Imagina cuándo deseas algo, sea estar con alguna persona, sin importar si la acabas de conocer, deseas estar con ella, un coche que viste pasar o los zapatos que acabas de ver en el aparador, por poner algunos ejemplos: ¿Qué sientes? Sólo tú sabes, lo único que alcanzas a percibir en tu cuerpo es la imperiosa necesidad de tenerlos. Te emociona pensar que así pudiera ser. Al sentir esa emoción te provoca un sentimiento, es decir te imaginas que ya los tienes, entonces tu sentimiento es de júbilo o de alegría imaginando lo satisfecho que te sentirías al poseerlos, es más, hasta te percibes hinchado de felicidad y de orgullo. Por lo tanto, el deseo es la culminación de la emoción pasando por el sentimiento.

En la naturaleza humana, el deseo es uno de los motores que impulsan su conducta. Quien desea algo se convierte en alguien activo que hace lo que tenga que hacer para satisfacer lo que apetece o anhela. Todo emprendimiento parte del deseo, que generalmente está relacionado con superarse a sí mismo. El deseo está íntimamente ligado al del soñador del sueño, es decir, a la persona que está completamente comprometida y enfocada a lograr lo que quiere con una entrega total.

"Quien realmente desea, realmente actúa."

Ivonne Jurado

El deseo erótico es elemental, unívoco[35] y unidireccional. Ningún argumento da cuenta de él, ni los teológicos ya que cambian de acuerdo a las diferentes religiones, ni los de la biología que no toma en cuenta el psiquismo, ni la psicología que a veces olvida que somos entes biológicos.

El deseo erótico no se entiende mediante modernas teorías políticas o económicas, pues es anterior a la economía, a la política y a todas las organizaciones sociales.

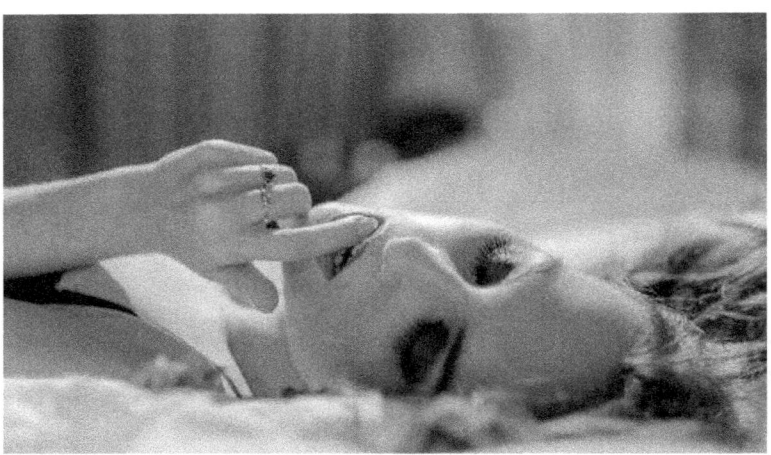

Es, en suma, anterior a toda creación humana. El origen del deseo está en la fuente misma de la vida: es una onda cósmica, un soplo generador; es lo primigenio que hace manar la vida; pulsión vital que comparten todos los seres vivos del planeta.
Al estar consciente que forma parte de ti, podrás encauzarlo de la mejor manera para conseguir tus objetivos. Sobre todo, aprovecharlo mientras su llama esté encendida dentro de ti, porque es sabido que si bien no muere, si puede caer en un sueño profundo, como la bella durmiente, cuando una persona cae en depresión, ella se despierta todos los días carente de ese deseo, es como si sintiera un vacío y no puede entender para qué o por qué está viva.

[35] Que siempre tiene el mismo significado o la misma interpretación.

La distinción está en agradecer y hacer consciencia que la complejidad del ser humano tiene una razón de ser, que ocupes toda la abundancia que hay en ti por el hecho de SER, ya que estás dotado de muchos elementos que tal vez habías pasado por alto, hasta ahora.

¿Qué es el deseo sexual?

"No todo depende de los deseos, pero aun así he decidido intentar llevar a cabo los míos."

Sigmund Freud

El deseo sexual tiene varias características, las cuales son individuales, ya que no todos deseamos lo mismo, recuerda que somos seres únicos e irrepetibles.

- Diversidad. Aquí es en donde entra la preferencia sexual.
- Entrega.
- Singular.
- Espontáneo/Especial.
- Orgasmos.

Diversidad

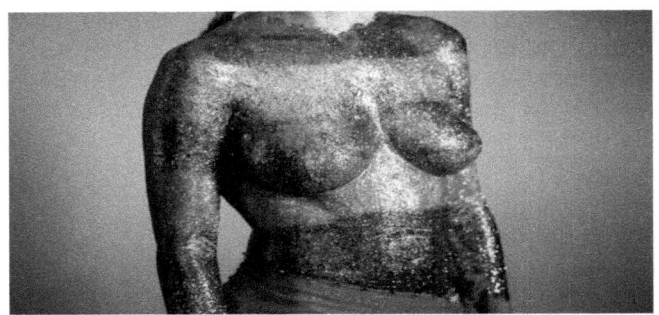

La palabra diversidad expresa la cualidad de lo diverso o lo diferente, que por ser diverso ha de ser múltiple y abundante. Se tiene diversidad de flores en la primavera, se tienen diversidad de opiniones en una sociedad, asimismo no podría faltar una diversidad sexual, pues el gusto y el deseo son tan individuales como la vida misma.

Un ejemplo práctico es que te imagines que vas a comprar un cono de helado. Tienes que escoger entre vainilla y chocolate. Si nunca has probado ninguno de los dos sabores, será tu primera vez. Tendrás que confiar y elegir por el que te sientas más atraído. No sabes si te va a gustar o no, pero tienes que confiar en tu elección. Si escogiste vainilla y te encanta, tal vez hasta te olvides que existe el sabor chocolate, pero si no, entonces probarás el sabor chocolate. Te quedarás con el sabor que más te haya gustado, no por ello evitaste explorar. Lo único que es claro es: el chocolate sabe a chocolate y la vainilla a vainilla. Y nadie te puede obligar a que pruebes un sabor imaginado que sabe a otro. Lo mismo pasa con la diversidad sexual. Cada quien elige como va a satisfacer el deseo sexual y cuál es la fuente de su deseo.

Actualmente tenemos esta lista de diversidad sexual.

- Heterosexual. Se siente atraído por el sexo opuesto.

- Homosexual. Se siente atraído por el mismo sexo.

- Bisexual. Se siente atraído por ambos sexos.

- Transexual. Son personas que se identifican con un sexo diferente al cuerpo con el que nacieron.

- Pansexual. Aman los corazones no las preferencias sexuales.
- Intersexual. Persona que biológicamente presenta características femeninas y masculinas.
- Demisexual. Personas que sólo pueden tener sexo con alguien que primeramente tienen una conexión emocional.

Existe la creencia y hay estudios que afirman que todas las personas tendemos a la bisexualidad, sin embargo, aquí sólo se trata de saber tu preferencia y ser congruente con ella.

Entrega

Un deseo está caracterizado de entrega, de la entrega que das como persona para conseguir lo que anhelas. Horas de sueño, madrugadas interminables, dejas de hacer lo que te gusta por ir a buscar lo que deseas. El deseo lleva intrínseca la acción, si realmente lo deseas, vas a mover cielo mar y tierra para conseguirlo. Es simple, es sencillo, es real.

Singular

Es tan singular como tú, porque sólo tú sabes lo que estás dispuesto a hacer por tu deseo. Nadie más te entiende, tal vez nadie más te acompañe de los que tienes cerca, sin embargo, la invitación es que vayas por tu deseo, lo más seguro es que cuando inicies el viaje, te encontrarás a gente en el camino que te acompañe. Sólo alguien que desea algo similar a lo que tú deseas, tiene la capacidad de comprender tus motivos. La invitación es que no le cuentes tus deseos a cualquiera, porque detractores hay muchos, ve por ellos con oídos sordos y acción continua.

Espontáneo/Especial

Así, de pronto puede surgir al ver a una mujer o un hombre pasar enfrente de ti y no tienes ni idea por qué. Es sencillo, eres una fuente abundante de información que corre por tu cuerpo y se activa cuando ve lo que estás programado para encontrar. No es magia, no es casualidad, todo lo que te ocurre tiene un propósito divino para tu existencia. La distinción es estar alerta a las señales, para cuando llegue lo que has estado pidiendo, estés atento y lo tomes, porque te pertenece. Es por ello que no deseas todo lo que ves ni tampoco te sientes atraído con todas las personas, sólo lo que es para ti y estás buscando (inconscientemente) llama tu atención. Si lo haces consciente, entonces tienes más posibilidades de conseguirlo.

Orgasmos

Se dice que el orgasmo es el punto culminante del acto sexual, es en donde se libera la energía y la tensión sexual.
Biológicamente hablando existen muchos factores que intervienen para que un orgasmo se produzca. Es tanta la obsesión que existe en la mente por conseguirlo, tanto se habla de él, que a la vez nadie sabe cómo describirlo, es como el amor, sólo se siente y ya. Es tan íntimo, tan personal que no hay uno que sea mejor que el otro. Sólo son orgasmos personales e intransferibles.

En un orgasmo está involucrada la mente, el cuerpo, el alma, la conexión emocional con tu pareja, la confianza que tengas en ti para alcanzarlo, el conocimiento que tengas de tu cuerpo para que sepas como darte placer y así cuando te pregunten ¿qué te gusta? Tengas la capacidad de responder y no te quedes en silencio. Intervienen las hormonas, como ya lo has leído y hay tanto misticismo alrededor del orgasmo, que a veces se olvida lo más importante del acto sexual: solo dejar que suceda y vivir la experiencia.

Las personas están más atrapadas en los estereotipos de la televisión y las películas (recuerda que el inconsciente no tiene sentido del humor y todo lo toma literal), que piensan que si no alcanzan el orgasmo, entonces no son buenos en la cama. Las mujeres están tan atrapadas en su mente con los pendientes que se olvidan de conectar con su cuerpo para estar conscientes de las sensaciones y lo que sus cuerpos les dicen.

La mejor forma de alcanzar un orgasmo es: viviendo el momento presente, que estés con quien tú quieras estar y que confíes en tu cuerpo. En el acto sexual hay mínimo dos personas, así que es importante recordar que estás ahí para satisfacer (tanto a ti como a tu pareja). Entre más te entregas el disfrute es mayor. Y cuando lo haces con amor, la conexión con Dios es de lo más maravilloso que puedas experimentar.

Existe mucha información al respecto, la distinción está en que vuelvas a lo básico, que conectes contigo primero para que puedas conectar con tu pareja de una manera auténtica y sin tapujos.

Tampoco se dice porqué se persigue tanto el orgasmo, sólo que es maravilloso y que te eleva al cielo, lo cual es cierto. Es un momento en el cual dejas este cuerpo porque dejas el ego. El ego sin cuerpo no es nada, y al desprenderte del ego, la conexión con la fuente es directa y sin escalas ni intermediarios. Sientes que mueres y naces a la vez, porque es lo que sucede, te desprendes de este plano y por un breve instante te sientes en casa, vuelves a dónde perteneces y de dónde has venido.

El orgasmo es la más pura conexión con Dios, por ello es inconcebible que en la religión judeocristiana a sus sacerdotes les pidan que hagan un voto de castidad, lo que están castrando es la conexión con Dios y ¿Cómo alguien que no está conectado con Dios va a absolverte de "pecados" que ni siquiera entiende?

Recapitulando

La fórmula para entender y reavivar el deseo sexual lleva por nombre DESEO.

- Diversidad
- Entrega
- Singular
- Espontáneo/Especial
- Orgasmos

La diversidad es tan basta como la imaginación, los gustos son representativos más no limitativos. Si todo cambia en el Universo, ¿por qué la manera de la experimentar la sexualidad debe de permanecer estática?

Cuando estés con tu pareja, si la entrega parte desde la apertura mental y la coherencia emocional, te aseguro que disfrutarás el momento. Cada momento será único e irrepetible.
La singularidad es primordial, ya que, si vives cada momento sin tabúes, culpa o vergüenza, seguro encontrarás a una persona que no conocías en la cama.

Si la chispa surge, aprovéchala. A veces estás buscando el momento perfecto y el lugar y hora más adecuada para estar con tu pareja. Te tengo noticias, sí existe ése momento: ES CUANDO LAS COSAS SUCEDEN. La espontaneidad lo hace especial.

Si le quitas a tu mente la presión de "alcanzar" el orgasmo, te aseguro que llegará. Si tienes sexo con el único objetivo de tener un orgasmo, como el perro que siempre persigue su cola y nunca la alcanza, te perderás del camino por sólo estar pensando en la meta.

Pasos a seguir

1. Tomarte una fotografía desnudo/a, de frente y de espalda.
2. Escribir una carta a tu cuerpo, agradeciéndole todos los momentos de placer y gozo que te ha brindado.
3. Tener una cita romántica contigo mismo/a.
4. Escribir uno de los orgasmos más maravillosos que hayas tenido.
5. Escribir un acróstico de tú nombre, con características que te gusten de ti.
6. Cada noche te vas a abrazar y te vas a decir lo mucho que te amas.

Capítulo 7

A crear una sexualidad satisfactoria

¿Qué entiendes por satisfacción? La satisfacción es tan personal que lo que para uno no es satisfactorio para el otro. La satisfacción es la acción y efecto de satisfacer o satisfacerse. Se refiere a pagar lo que se debe, saciar un apetito, sosegar las pasiones del ánimo, cumplir con ciertas exigencias, premiar un mérito o deshacer un agravio.

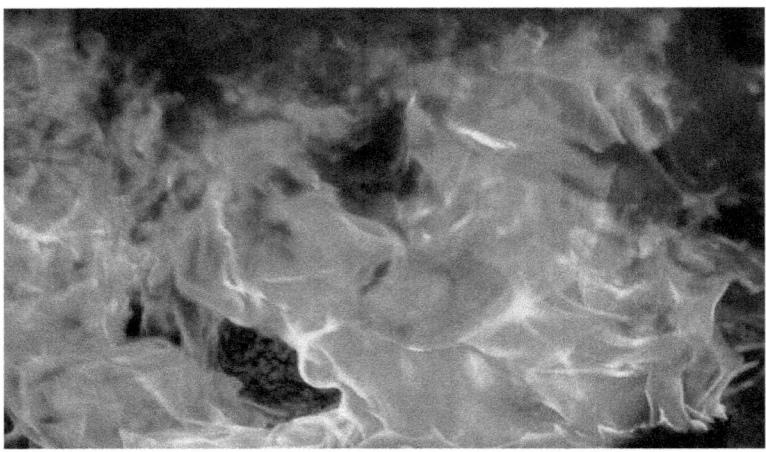

En el ámbito sexual, se espera que cuando dos personas tienen relaciones, amabas queden satisfechas, que se lleven un buen sabor de boca y por qué no, cuando algo te satisface sobremanera, queda la sensación de querer repetirlo.
Sin embargo, esto no siempre ocurre, las personas no quedan igual de satisfechas, o una sí y la otra no o en el peor de los casos, ninguna queda satisfecha.

La clave para que ambas quieran repetir la experiencia, lo cual indica que han quedado satisfechas es que CREAS.

- Consciencia.
- Responsabilidad.
- Expresa.
- Acepta y Aclara.
- Satisface y Satisfácete.

1. Consciencia

Lo primero que tienes que tener claro es cuál es el propósito de tu encuentro sexual, ¿es sólo por saciar el cuerpo y liberar tu energía? ¿Lo haces por cumplir con tu pareja? ¿Realmente te importa la persona con la que estás? ¿La estás usando? ¿La estás manipulando? ¿Eres consciente de ello y aún así, eliges operar desde tu lado sombra? ¿La persona que está contigo, lo sabe? ¿Estás mintiendo? ¿Te estás mintiendo?

Cuando aceptas y conoces tu propósito es clave, porque no esperarás más del acto, será tan claro como el agua de manantial. Recuerda que lo que das regresa a ti.

¿Qué significa un propósito? Se entiende por propósito la determinación firme de hacer algo, un objetivo por alcanzar. La distinción es saber desde donde estás actuando y tomando tus elecciones, desde tu lado sombra o tu lado luz, que tan franco/a eres contigo mismo/a o, si te estás engañando.

Te parecerá exagerado, sin embargo cuando eres consciente cuál es tu verdadera intención y qué es lo que realmente quieres, es la única forma que empieces a vivir de tus actos con otra perspectiva.

Tienes que fijarte que es lo que estás dando y la intención con la que lo das, si estás manipulando o estás inspirando para que la persona que accede a crear intimidad contigo te dé lo mismo. Si te fijas y no te gusta lo que estás recibiendo, entonces debes observar a tu alrededor para que sepas lo que estás dando. La vida siempre es justa, eso de que la justicia no existe es una creación del ego del ser humano, ya que esconde sus intenciones y da una cara que no es para obtener sus objetivos. Pero a la vida, a la vida no la puedes engañar, ella te da lo que tú das, es así de sencillo.

> "Conozca todas las teorías, domine todas las tácticas, pero al tocar un alma humana sea apenas otra alma humana."
>
> Dr. Carl Gustav Jung

Cuando conozcas cuál es tu propósito en la vida, estarás en condiciones de alinear toda tu vida a este propósito. Todo, incluida tu vida sexual.

Responsabilidad

Ser responsable es una de las virtudes del ser humano, que parece como una papa caliente que nadie quiere tener en sus manos, como si al ser responsable de tus actos, se quemara tu alma.

Responsabilidad es el cumplimiento de las obligaciones, el cuidado al tomar decisiones o realizar algo. Procede del latín responsum, del verbo respondere, que a su vez se forma con el prefijo re-, que alude a la idea de repetición, de volver atrás, y el verbo spondere, que significa "prometer", "obligarse" o "comprometerse".

Dicho lo cual ¿Qué prometes para conseguir lo que quieres? ¿Te obligas a algo? ¿Cuál es tu compromiso? Lo importante es empezar por ti mismo, siendo responsable de tu salud física para que en acto sexual, para que no vayas a contagiar a tu pareja, sea una pareja de una noche o sea la pareja con la que compartes alguna etapa de tu vida.

La salud es básica cuando de relaciones sexuales se trata, ya que, si tienes alguna enfermedad y ni siquiera los sabes, imagina todo lo que puedes afectar a alguien y esa persona a otra persona y así, sucesivamente.

Otra situación que cabe mencionar aquí es que no lastimes a terceras personas, es decir, la infidelidad no cabe, porque entonces traicionas y te traicionas. En muchas ocasiones ya no hay vuelta atrás.

Una persona responsable es una persona coherente con su palabra y lo que hace, porque de no ser así, sus actos callarán sus palabras. La responsabilidad es un valor que se aprecia mucho, y cada vez hay menos gente responsable.

Responsabilízate de ti, de tu salud, de tu placer, de tus orgasmos y de tu palabra, esa es la invitación, ya que eres un adulto al que ya no le queda la ropa de niño. Lo que haya sucedido te ha hecho el hombre o la mujer que eres hoy, si no te gusta, es momento de empezar a hacer los ajustes para que sientas la satisfacción personal contigo mismo/a, lo demás, llegará por añadidura.

> "Eres lo que haces, no lo que dices que vas a hacer."
>
> **Dr. Carl Gustav Jung**

Una promesa no cumplida se pudiera considerar como un acto de violencia para el alma, ya que al decir que vas a hacer algo genera una ilusión en la persona que tienes enfrente. Como dice la canción, no prometas lo que no será y mucho menos, si solo lo haces para salirte con la tuya, a costa de ella.

Expresa

> **"Las emociones no expresadas nunca mueren. Son enterradas vivas y salen más tarde con peores formas."**
>
> **Sigmund Freud**

Es fundamental que digas lo que te gusta y lo que no te gusta, lo que quieres y lo que no quieres, lo que esperas y lo que no esperas. La comunicación es básica en cualquier circunstancia, mucho más cuando de sexualidad se trata. Es imprescindible que lo hagas, no supongas, no asumas, no te cayes. Sólo de ti depende que tu pareja conozca lo que te complace y no, ¿sobre todo al inicio? No, siempre, recuerda que somos seres en evolución, lo que antes te hacía gritar de placer, puede que ahora no, es como comer siempre lo mismo, aunque te encante, llega un momento en que te aburre y quieres probar algo más.

Existe algo que el Sexólogo Antoni Bolinches, en su libro Sexo Sabio explica como la Regla de Oro de la Sexualidad. Son cuatro principios sencillos, más no fáciles, de aplicar. Ya sabes lo que dicen: o es lo mismo una mujer fácil que una mujer sencilla.

- Haz todo lo que quieras.
- No hagas lo que no quieras.
- Siempre desde el deseo previo.
- De acuerdo con tu propia escala de valores sexuales.

Haz todo lo que quieras.

La primera pregunta sería ¿Realmente sabes lo que quieres? ¿Lo que quieres lo quieres siempre? Y para acabar de hacerlo más complejo, no siempre nos atrevemos a hacer lo que queremos porque dudamos que sea correcto o moral. Yo te peguntaría ¿correcto para quién? Para la sociedad, para la religión, para tu familia.

Como vez, la sexualidad tiene como principal obstáculo para tu mente tus creencias o a la persona que más influyó en ti para que fueras capaz de desarrollar tu sexualidad a tu antojo. Por eso digo en ocasiones que en la cama estás con una sola persona, pero en tu mente, hay una orgía de confusiones y de dudas que te tienen atrapado.

Por lo tanto es esencial que te cuestiones y reflexiones:

- ¿Sabes cuáles son tus valores sexuales y cuál es la escala?
- ¿Lo que hago lo hago porque me gusta a mi o porque le gusta a mi pareja?
- Las cosas que no hago, ¿no las hago porque no me gustan a mí o porque, de acuerdo con la moral social, creo que no debo permitírmelas?

Esta es la única manera que tu consciencia comience a despertar, cuestionarte todo el tiempo es la clave.

No hagas lo que no quieras

Todas las preguntas anteriores aplican en esta situación. Sin embargo, es más nocivo hacer lo que no quieres a dejar de hacer lo que quieres. Quien no hace lo que quiere puede sentirse inhibido o frustrado, pero quien hace lo que no quiere, no sólo se traiciona a sí mismo, sino que además deteriora su deseo sexual, porque por ende no resulta placentero algo que se realiza contra la propia voluntad.

Aquí la distinción está en saber si lo que no hacemos es porque no queremos o porque no debemos, debido a que los tabúes y prejuicios están hechos para prohibir en lugar de permitir.
Esto también inhibe el deseo sexual, ya que se estaría reprimiendo el anhelo de que goces de alguna manera por las creencias que tienes en tu cabeza, esas que te atrapan y te llevan al sentimiento de culpa, que como ya vimos, es el sentimiento más carcelario que existe.

Siempre desde el deseo previo

Parece ilógico, porque se supone que debe de ser así. Una cosa es lo que debe ser y otra lo que es.

La lívido tiene altos y bajos por diversas razones, por ello no siempre estás dispuesto a tener sexo. La realidad es que hay infinidad de relaciones en las que una de las partes no tiene el deseo real por que el encuentro se de, sin embargo lo hace por no tener problemas, porque lo considera un deber. Cuanto más te gusta alguien, más deseo tienes, y si esta persona te deja de gustar, tu deseo sexual desaparece.
A veces haces el amor porque toca, porque el otro tiene ganas o para que te dejen en paz. Estas motivaciones y otras parecidas sólo sirven para deteriorar el lívido.

De acuerdo a la propia escala de valores sexuales

En una sociedad tan condicionada y tan mediatizada, es muy difícil que una escala de valores sea una escala de valores propia. Casi siempre viene impuesta desde afuera, por las influencias de tus padres, de la escuela, de la religión, de los amigos, en fin, de la sociedad en conjunto, por eso te he insistido en que te cuestiones, para que puedas dilucidar que es tuyo y que viene de afuera de ti.

Es importante que lo distingas y una vez hecho esto, lo hagas tuyo conscientemente. Es decir, es muy probable que concuerdes con lo que impusieron desde que eras niño, ¿cómo lo puedes saber? Cuando te preguntes cada situación sexual que has experimentado hasta ahora, cierres tus ojos y estés alerta a la sensación que te provoca, en total honestidad. Confía en tu intuición y abre tu mente para explorar experiencias nuevas, es probable que te lleves agradables sorpresas.

> "Todos nacemos originales y morimos copias."
> Dr. Carl Gustav Jung

Cuando acuden parejas a el Taller *"Consciencia emocional y sexual"*, surge en ellos una comprensión de la importancia de aplicar la Regla de Oro de la sexualidad. Lo más importantes es que lo habían querido decir hacía mucho tiempo, sin embargo, por las creencias limitantes no lo hicieron. Al existir un medio que facilitó su deseo de expresarlo, al salir del Taller su sexualidad será mucho mejor de cuando entraron.

Acepta y Aclara

Aceptando que la persona que está enfrente es más que un cuerpo con el cual vas a obtener placer, te conviertes en un ser sexual responsable y amoroso.

La persona que tienes enfrente tiene sentimientos, tiene expectativas, tiene cicatrices, tiene conflictos, tiene prejuicios, tiene tabús, tiene culpas, en fin, tiene una serie de experiencias respecto al sexo, tal vez muy diferentes a las tuyas. Por ello es importante que lo tomes en cuenta. No se va por la vida teniendo relaciones sexuales desenfrenadas, dejando de lado lo que vas a generar en los demás.

Si eres muy joven tal vez esto te parezca exagerado, sin embargo, cuando te conviertes en adulto y después si tienes la fortuna de convertirte en padre o madre, no querrás que a tus hijos conozcan a un ser como tú en su vida, te lo aseguro. Así que la invitación es que te comportes en la cama como te gustaría que la pareja sexual de tu hijo/a.

Los sentimientos de alguien más son tan importantes como los tuyos, así que es de vital importancia que seas claro y honesto con tu propósito y con base en la comunicación, también conozcas el propósito de la tu pareja, así sea sexo de una noche. Si aceptas tener relaciones sexuales con alguien, clarifiquen por qué lo hacen, tal vez pienses que esto le quita espontaneidad y romanticismo, lo cual no necesariamente es cierto. Parte del romance es tomarse el tiempo necesario para preparar el espacio, créeme cuando te digo que a la mayoría de las mujeres las excita más que el hombre se tome el tiempo para preparar la escena, a que todo sea un acto de arrebato y desenfreno.

La distinción está en ser claro/a con tu propósito, honesto/a contigo y con el alma que tienes enfrente, el alma que está en el cuerpo de una persona. Ella es mucho más de lo que ves. Si aprendes a ver más allá de lo evidente, tu sensibilidad e intuición se irán fortaleciendo.

Satisfacción

Si llevas a cabo lo anterior, te auguro que te sentirás más satisfecho/a contigo y también tu pareja lo estará, porque alcanzarás un grado de consciencia y coherencia como nunca antes lo habías sentido, será tan placentera la experiencia que querrás volver a vivirla. Y no solo tú, tu pareja también, debido a que la comunión que se crea entre ambos es tan íntima y tan orgásmica, por haberse entregado en honestidad, con el alma al aire, es grado de intimidad más sagrado que existe. El cuerpo desnudo queda solo como el puente para alcanzar ese estado de plenitud que recorre tu Ser, desde lo físico hasta lo emocional para llegar a conectarte con Dios y su infinita energía vital.

> "Me han acusado de defensor del alma. No fui yo, sino Dios mismo quien la defendió."
>
> Dr. Carl Gustav Jung

Recapitulando

La clave para crear una sexualidad satisfactoria es que CREAS. Además de que creas que es posible, todo depende de ti.

- Consciencia.
- Responsabilidad.
- Expresa.
- Acepta y Aclara.
- Satisface y Satisfácete.

Al tener consciencia de tus relaciones sexuales, te entregarás de diferente manera, lo cual tu pareja sentirá inmediatamente.
Tu salud sexual es tu responsabilidad, así que verifícala constantemente, tanto si tienes varias parejas en un año como si tienes una pareja estable.

Expresa lo que sí quieres y lo que no quieres respecto a la sexualidad que tienes con tu pareja, sea estable o esporádica, sigue fielmente la Regla de Oro de la sexualidad.

Acepta y Aclara contigo mismo/a el propósito y la intención de tu acto sexual. Las personas somos más que cuerpos, somos almas viviendo una experiencia terrenal, no estamos desconectadas, estamos integradas. Tu lado emocional cuenta y cuenta mucho, porque después del encuentro sexual, las sensaciones se quedan impregnadas en la piel y en la memoria por más tiempo del que quisieras.

La satisfacción es uno de los objetivos de la sexualidad, aparentemente somos los únicos seres sobre la faz de la Tierra que la buscamos y la sentimos. Los animales se aparean por sobrevivencia, es su único propósito. La distinción con los seres humanos es buscar la satisfacción propia y de la pareja, cuando menos en teoría. La invitación es que busques en cada encuentro que así sea.

Si eres sensible como hombre, a una mujer no se le pregunta si quedó satisfecha o no, porque el cuerpo de una mujer no miente, las caderas no mienten ni su mirada tampoco.
La invitación es que conectes y dejes que tu cuerpo haga lo que sabe hacer.

Pasos a seguir

1. Escribe qué significa un propósito.
2. Realizar un examen de salud sexual una vez al año.
3. Escribe la Regla de Oro para una sexualidad satisfactoria
4. Escribe tus valores sexuales y su escala.
5. Escribe tus valores sexuales negociables y los no negociables.
6. ¿Lo que hago lo hago porque me gusta a mi o porque le gusta a mi pareja?
7. Las cosas que no hago, ¿no las hago porque no me gustan a mí o porque, de acuerdo con la moral social, creo que no debo permitírmelas?

Capítulo 8

Novedad: Sexualidad en 3D

"El privilegio de una vida es convertirse en quién realmente eres."

Dr. Carl Gustav Jung

La sexualidad se disfruta en mil y una formas, el mero intercambio de sexo por sexo puede ser satisfactorio de momento, si tú único propósito es liberar la energía sexual, sin embargo, minutos u horas después, regresa un vacío a tu alma que te dice que algo no está bien. Lo que llega en automático es la aparición del ego diciéndote: "no pasa nada", "deja el drama, fue solo sexo", "seguro la persona que estuvo contigo también te usó", en fin, una serie de patrañas que tiene el ego para manipularte y venderte la idea de que "no pasa nada", cuando en realidad pasa todo.

La sexualidad está tan cosificada, tan materializada, tan mediatizada, tan mediatizada que parece que hacer el amor fuera como ponerte y quitarte los calzones. La realidad es que no es así, es mucho más profunda de lo que te imaginas y si aprendes sus artes y secretos, encontrarás un recinto de plenitud que sólo tú te puedes dar. Si eres afortunado y encuentras al ser que te haga compañía en este viaje, te aseguro que no lo querrás dejar y lo cuidarás como lo más preciado que existe.

No sólo requieres una atracción química, la cual es necesaria, porque si eso fuera, todo sería más sencillo, pero para que una relación perdure y evolucione en el tiempo, precisa más que una subida de hormonas y unas olorosas feromonas.

El ser humano tiene una especial afición por las triadas: "El triángulo de las Bermudas", "Los tres mosqueteros", "La santísima trinidad", etc. En el caso de la sexualidad, no podía ser la excepción. Veamos qué significa "Sexualidad en 3D".

- Diversifica. Diversifica significa que si ya tienes una pareja estable, cambies de lugares para hacer el amor, de horas, de días, de atuendos, de personajes, en fin, que uses tu creatividad para que fomentes el deseo día con día. Que digas qué quieres, ahora que ya lo sabes, que expongas tus fantasías para que cambien de estatus y vivencias, que estés con mente abierta para que si tu pareja es la que te expone alguna fantasía, no la juzgues ni le preguntes: "¿En dónde aprendiste eso?". No hay nada más inhibidor de la imaginación cuando parece que se tiene que demostrar de donde vino la idea. Por si no lo sabes, una idea nace muerta hasta que tus actos le dan vida. Deja de lado el ego y solamente disfruta de las ocurrencias de tu pareja, siempre y cuando vayan con tus valores sexuales y lo quieras hacer.

- Documéntate. Es básico que investigues, que leas, que aprendas de sexo, ya que es mucho más que "unos minutos de placer". Explora porqué tanto misterio, porqué lo mantienen oculto o porqué te lo han puesto tan a la mano, sin que tengas que esforzarte prácticamente nada para obtener un intercambio sexual. Pregúntate si eso quieres para tus hijos adolescentes, que lo vean como si fuera un intercambio de celulares.

Existen muchos documentales serios al respecto, porque de pornografía y revistas nudistas ya tienes bastante. La invitación es que no te quedes solamente en la punta del iceberg respecto a este tema tan fascinante y vital, para que valores lo que eres, que le des el justo reconocimiento a tu energía sexual, como artífice de vida, que no la regales a cualquiera y que cuides por donde la esparces.

- Diviértete. En algún momento de la historia, se supuso que el acto sexual debería de ser un acto solemne. Una cosa es que sea un acto sagrado por su divinidad y misticismo, pero de eso a que tenga que ser vestido de seriedad, es muy diferente. De hecho, las mejores experiencias que puedes vivir es cuando desnudas el cuerpo y el alma y si lo haces entre risas y juegos, mucho mejor. Se trata de que lo disfrutes, que lo goces. ¿Recuerdas cuando eras pequeño tu imagen de asombro cuando descubrías o hacías algo diferente? ¿Quién dice que en el sexo no pueda ser igual? Ríete de ti, de tus lonjas, de tu cabello despeinado, de todo lo que elegiste hacer para disfrutar de ese momento. Ríete de tus paradigmas, que lo único que han hecho es limitar tu disfrute y tu encuentro con Dios a través del sexo. En esa cama sólo estás tú y tu energía, está el espacio de creación que surge con tu pareja, sé libre, sé auténtico, déjate ir, entrégate y verás lo que sucede.

La distinción está en que gires un poco tu cabeza, que te cuestiones tus paradigmas[36] para un despertar de tu consciencia sexual.

Es importante resaltar lo siguiente: este libro no es una doctrina ni trata de imponer criterios, es una propuesta para que despiertes tu consciencia.

Si eliges andar de flor en flor o que tú seas la flor por la que todos anden, está bien, es tu elección. La distinción está en que ahora sabrás porqué sucede así y si los resultados que has tenido en la vida no te han dado una sensación de plenitud y satisfacción, pues algo no engrana con tu consciencia, es así de sencillo. Ponte alerta y escúchate.

---

[36] Todo aquel modelo, patrón o ejemplo que debe seguirse en determinada situación.

"Que el silencio sea un artífice para la paz de tu alma. quien aprende a escucharse, desaprende lo que su alma requiere."

Ivonne Jurado

Recapitulando

Llevar a cabo tu sexualidad en 3D te apoyará a que adquieras más conocimiento de ti y de tu pareja. No porque sepas manejar sabes cómo funciona un automóvil. Es lo mismo con tu sexualidad, no porque sepas cómo se hace el acto sexual, quiere decir que sepas de sexualidad. La edad no importa, lo que importa es que estás vivo.

- Diversifica
- Documéntate
- Diviértete

Diversifica en lugares, momentos, en posturas, la invitación es que abras tu mente y te des la oportunidad de hacer algo diferente. Has realidad alguna fantasía, para que tu imaginación sigua creando.

Documéntate, es fundamental que leas, que investigues, que sepas más de tu cuerpo y de tu pareja, para que juntos creen una sexualidad satisfactoria y placentera para ambos. Vivimos en la era de la información, la cual está a un click de distancia. Utiliza tu teléfono inteligente para aprender, para que seas tú más inteligente.

Diviértete, es lo más importante, si ves la sexualidad con ojos niños, es decir confiando en ti y con curiosidad, seguro la vas a pasar muy bien. La sexualidad es para crear no para sufrir.

Pasos a seguir

1. Escribir 10 fantasías sexuales que siempre has querido cumplir.
2. Escribir 10 lugares diferentes en los cuales siempre has querido hacer el amor y nunca te has atrevido.
3. Escribir qué libro vas de educación sexual para adultos vas a leer.
4. Leer el Kamasutra Vatsyayana.

Capítulo 9

Diviértete

"Sin jugar con la fantasía nunca ha nacido ningún trabajo creativo. La deuda que tenemos con la obra de la imaginación es incalculable."

Dr. Carl Gustav Jung

Tus días pasan en la rutina, te levantas, haces ejercicio o no, desayunas o no, vas a la escuela o al trabajo o no, comes allá o no, regresas a casa contento o no, cenas o no, te duermes o no, en fin, tu día solo tú lo conoces. De ti depende el enfoque que le das, puede ser de lo más enriquecedor o puede ser de lo más aburrido, todo depende de que tan despierta esté tu consciencia. Tal vez el fin de semana o cualquier día, lo tienes destinado para divertirte, lo cual significa, salir de la rutina.

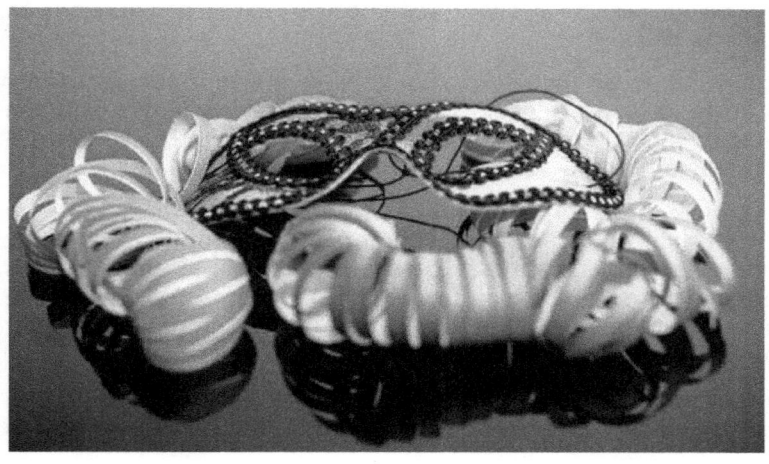

La diversión es el uso del tiempo de una manera planeada para refrescar terapéuticamente el cuerpo o la mente. Mientras que el ocio es más bien una forma de entretenimiento o descanso, la diversión implica participación activa pero de una manera alegre. A medida que la gente de las regiones más ricas del mundo lleva cada vez estilos de vida más sedentarios, la necesidad de la diversión se incrementa. La diversión está hecha para producir placer.

Si esto ocurre en las actividades diarias, el sexo no tiene por qué ser la excepción. Si lo eliges, puede ser tu espacio lúdico favorito. ¿Cómo te puedes divertir? Pues de la misa manera que te divertías en tu niñez: JUEGA.

- Juguetes sexuales.
- Usa protección.
- Elige libremente.
- Genera confianza.
- Abre tu mente.

Juguetes sexuales

Desde que el mundo el mundo y el sexo es sexo, han existido y siempre han estado al alcance de todos. Que no los hayas usado es diferente, sin embargo existen personas con una imaginación enorme y gracia a ellas, tenemos la extensa variedad en nuestros días.

La función de un juguete sexual es la diversión y generar placer en quien los usa. No están para competir con nadie ni sustituyen a nadie, son solo un instrumento o un complemento a la hora del acto sexual.

No tienes que invertir mucho dinero en ellos, los encuentras en la cocina de tu casa o en el refrigerador, o también en las Sex Shop, seguro has visto más de una cuando vas a casa. Si eliges permanecer en el anonimato por tus paradigmas, porque no te vayas a encontrar a tu jefe o al vecino, lo cual no tendría que ser una limitante, puedes hacer tus compras por internet.

La invitación es que cuando menos conozcas una sex shop en vivo, que explores si te llama la atención o no, es como probar el helado de vainilla o chocolate, te puede gustar o no. Los juguetes son inofensivos y están hechos con un propósito claro. La invitación es que abras tu mente para que la creatividad y el juego sean parte de una vida sexual saludable.

Usa protección

Siempre es recomendable tener una higiene impecable con los juguetes sexuales, el agua y el jabón son imprescindibles, además del gel antibacterial o alcohol. También el uso del condón en los que lo permitan es muy útil. La vagina y el ano son zonas con una flora bacteriana por naturaleza, así que no hay que escatimar en higiene. Se recomienda usar un condón diferente para cada área.

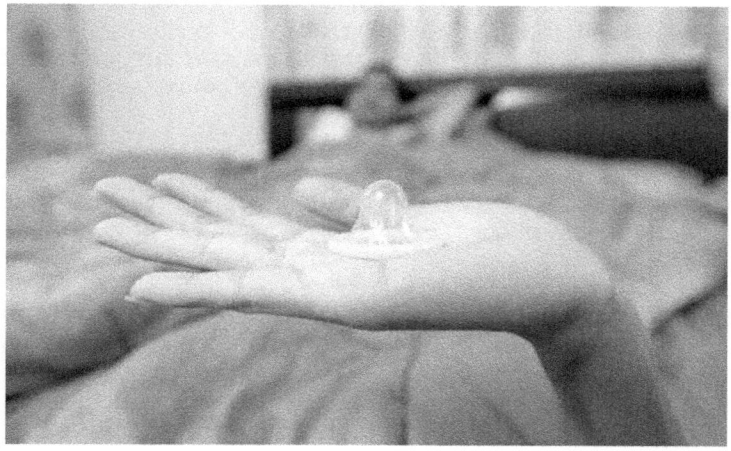

Otra protección que hay que tener en mente, es la protección contra la mente inflexible, esa mente que no te permite avanzar o probar situaciones diferentes, abriendo tu mente o poniéndola en modo flexible, es una puerta abierta al conocimiento, al placer y a la evolución sexual.

"Desde que inicié el estudio del inconsciente, me encontré a mí mismo muy interesante."

Sigmund Freud

Cuando te cuestionas es el momento en que te estás estudiando y conociendo a consciencia.

Elige libremente

La elección siempre está en ti, en nadie más. La libertad es una palabra que se usa de manera indiscriminada, ha habido guerras y muertes cuando se lucha por ella. ¿Qué es la libertad? ¿Qué significa la palabra libertad?

La libertad es la facultad o capacidad del ser humano de actuar según sus valores, criterios, razón y voluntad. Es el estado o la condición en que se encuentra un individuo que no está prisionero, coaccionado o sometido a lo que le ordene otra persona. También se usa para referirse a la facultad que tienen los ciudadanos de un país para actuar o no según su voluntad y lo establecido en la ley. Cabe destacar que la libertad no se refiere a hacer aquello que nos guste de manera inconsciente y egoísta, sino a hacer lo que se debe por el bienestar propio y común. Deriva del latín LIBERTAS.

Como te darás cuenta, lo más libre que puedes ser en una sociedad es porque eliges seguir las normas o leyes que esa sociedad tenga para el bien común.

Sin embargo, la libertad es un acto de consciencia interior, ya que sólo tú sabes lo que te ata, lo que te encarcela, lo que te tiene atrapado y no te permite sentirte libre. La libertad es una sensación y es muy personal. La libertad también exige de ti responsabilidad, por ello, muchas veces sólo se dice de dientes para afuera que quieres ser libre, la realidad es que mejor eliges estar en la comodidad de hacer lo que hace la mayoría para no ser notado.

"La mayoría de la gente no quiere la libertad realmente, porque la libertad implica responsabilidad, y la mayoría de las personas tienen miedo de la responsabilidad."
Sigmund Freud

Genera confianza
En una relación la confianza muchas veces se da por dada, en otras el sentido es inapropiado, porque la confianza es muy frágil y de fácil confusión.

- Confianza. Es la seguridad o esperanza firme que alguien tiene de otro individuo o de algo. También se trata de la presunción de uno mismo y del ánimo o vigor para obrar.

Sin embargo, esta palabra se usa en determinados ámbitos y se le de el carácter interpretativo de quien considera el acto, está por ejemplo el "abuso de confianza", "voto de confianza", "cuestión de confianza", dejando en la ambigüedad el término para quien recibe tal responsabilidad.
Otro término en el que se utiliza es para definir la familiaridad en el trato.
Sexualmente hablando es muy importante mantener el lazo de la confianza completamente a la vista y no dar nada por hecho ni por sentado, ya que dentro de las prácticas sexuales y en las relaciones están:

- Sadomasoquismo. Esta práctica es muy controversial para la sociedad en general, ya que no alcanzan a entender cómo alguien puede alcanzar el placer a través del dolor o generando dolor, lo cual es lo primero que alcanzan a ver o se imaginan, ya que no lo practican. Esto solo está limitado a la intimidad de la alcoba de quienes eligen llevarlo a cabo. ¿Es bueno o es malo? No, es una preferencia de la manera de vivir la sexualidad. Si es placentera para quien la practica, es tema de su libertad de elección. La invitación es que si te llama la atención te documentes al respecto.

"El sadismo está bien donde está, pero debe corregir sus fines."
Sigmund Freud

- Sexting. Las redes sociales también apoyan para tener sexo a distancia, sin la presencia física, puede ser muy excitante o no te puede llamar la atención. La distinción está en que estés consciente que todo lo que subas en tus redes, ya sea público o privado, queda ahí, nada se borra. Desde tus fotos hasta tus videos, lo que escribes y después borras, todo se queda para la posteridad.

Es muy importante que en estas prácticas si eliges llevarlas a cabo, lo hagas con personas que tengan la misma escala de valores que tú, que mantengas una comunicación abierta y que sea gente en la que puedas confiar. Cuando estás viviendo la experiencia no ves más allá de lo excitante del momento, la distinción está en lo que esa persona pudiera hacer con todas tus fotos y videos si la relación termina, porque una realidad es que se los están dando por elección propia y sin condición alguna o un contrato firmado de privacidad. Calibra tu intuición para que tomes las mejores elecciones para tu bienestar sexual y emocional.

Abre tu mente

Es algo que ha estado presente durante todo el libro, la intención es que te cuestiones y des un paso más en tu camino por este plano terrenal. Prueba diferentes cosas para que no caigas en la rutina, ya que la rutina mata el deseo y la pasión.
"La primera virtud del conocimiento es la capacidad
de enfrentarse a lo que no es evidente."
Jacques Lacan

Recapitulando

La fórmula para divertirte sana y libremente es: JUEGA.

- Juguetes sexuales.
- Usa protección.
- Elige libremente.
- Genera confianza.
- Abre tu mente.

Regularmente cuando jugamos estamos relajados, estamos disfrutando de lo que estamos haciendo, la sexualidad no tiene por qué ser la excepción.

Puedes utilizar, si así lo eliges, juguetes sexuales, ya que ellos tiene un propósito claro: apoyarte para alcanzar zonas que anatómicamente no es posible.

La protección es básica y fundamental. Al protegerte tú, en automático proteges a tu pareja, lo cual es un acto de amor. Usa condón en los juguetes sexuales, lávalos o límpialos con alcohol después de usarlos.

Nadie te puede obligar a hacer nada que no quieras, tienes el derecho de elegir libremente.

Al generar confianza con tu pareja, te sentirás más libre de actuar y comunicar tus deseos y fantasías sexuales.

Abre tu mente para que puedas tener una sexualidad que te satisfaga a ti y a tu pareja. La mayor barrera que existe es la mental, es lo que se fabrica en ella, impidiendo así la evolución sexual con tu pareja.

Pasos a seguir

1. Escribir el nombre de 5 juguetes sexuales que te gustaría comprar.
2. Escribir el nombre de 5 tiendas sex shop que conozcas o que quieres conocer.
3. Escribir 5 maneras diferentes para divertirte mientras tienes relaciones sexuales.
4. Escribir la fecha para visitar una sex shop.

Capítulo 10

Obteniendo placer

La sexualidad cuenta con una serie de características que la hacen tan única y especial. Si las respetas y eres consciente de ellas, tus relaciones sexuales serán diferentes a como las has vivido hasta ahora. Tal vez ya practiques alguna, la distinción está en que las tengas presentes todo el tiempo, para que obtengas la satisfacción que estés buscando. La sexualidad es:

- Privada.
- Libre.
- Auténtica.
- Congruente.
- Especial.
- Reconfortante/Romance.

Privada

La sexualidad requiere un espacio para que pueda explosionar sin barreras, sin miradas indiscretas, sin interrupciones. Es tuya y de quien la esté viviendo contigo. Privado significa que es íntimo, personal, particular, que no es para todos.

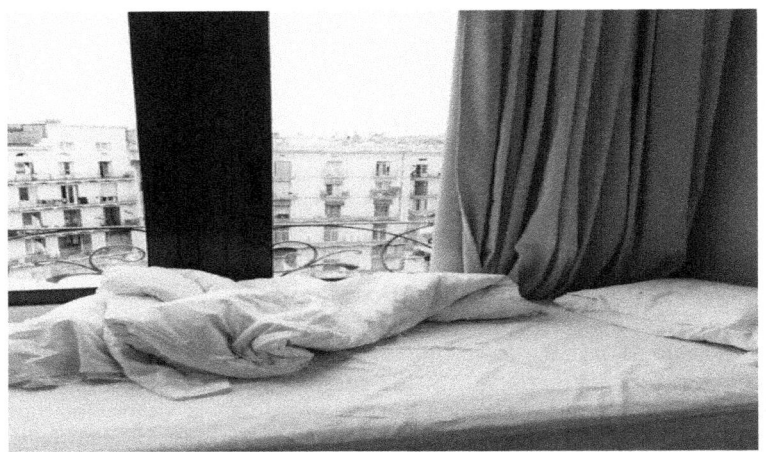

Si recuerdas cuando eras niño/a tus padres te decían: "No hagas cosas a escondidas, es malo." Si se te ocurría preguntar por ellos, los mayores te decían: "Están en privado, están haciendo cosas de adultos." Tú lógica de niño pensaba: mis papás simpre me dicen que diga la verdad, que hacer cosas a escondidas es malo, entonces, ¿Ellos porqué se esconden? Tal vez te parezca burdo el ejemplo, sin embargo desde ahí viene tu programación cuando te encierras para masturbarte, tu inconsciente te remonta a lo que aprendiste de niño. Así de fácil vamos cargando en nuestro día a día situaciones aprendidas en la infancia y que nos mantienen atrapados en emociones que no sabemos de dónde vienen.

También este concepto se refiere a que sólo tú sabes lo que te gusta y no, lo que haces y no. No existe ninguna necesidad que lo grites a los cuatro vientos, aunque la sociedad o la gente se haga imágenes tuyas por cómo te vistes, cómo hablas y cómo te comportas en público, eso no tiene nada que ver con cómo te comportas en la cama. Si de día das clases en una escuela primaria y de noche bailas la danza de los siete velos y eso te hace feliz, no te reprimas. A nadie le tienes que dar explicaciones de tu vida íntima. Que la sociedad haga con su falsa moral lo que quiera, mientras no le hagas daño a nadie, no abuses de menores, no lastimes a terceros, tu sexualidad te pertenece.

Libre

Ella es libre de expresión, tiene vida propia y si la dejas salir tal cual vive en ti, tal vez te sorprenda más de lo que crees.

Tan libre es que nunca se repite, aunque lo anheles. Ella surge con la fuerza que de un volcán y la continuidad de un río. Confía en tu cuerpo, confía en tu intuición y en tu instinto, el lenguaje de los cuerpos es más antiguo que el lenguaje de la boca, estás lleno de información que está lista para que la uses en el momento que la requieras.

> "El instinto erótico pertenece a la naturaleza original del hombre... Está relacionado con la más alta forma del espíritu."
>
> Dr. Carl Gustav Jung

Auténtica

Ella es ella, quien no la deja expresarse como le apetece, son tus paradigmas, tus miedos, tus inseguridades, tus recuerdos poco agradables al respecto, por no empezar desde el deseo del sexo en lugar de sólo cumplir.

Veo a las personas todos los días, en la calle, en el transporte público, en la oficina, en el avión, en el restaurante, en los centros comerciales, en cualquier lugar, su mirada y su cara me dice que no tiene una sexualidad satisfactoria. La inmensa mayoría de las personas no la tienen, no hace falta que lo digan, se les nota. Su energía sexual está atrapada en ellas mismas, ni siquiera la transmutan en algo productivo. Existe una discordancia en sus anhelos y su acción, lo cual los lleva a ser incongruentes sexuales.

CONGRUENTE

Este es un término que si no lo tienes en tu persona, genera que andes dando tumbos sin ton ni son. La congruencia es la relación que existe entre lo que dices, lo que haces, lo que piensas y lo que sientes. Imagina si estás teniendo la sexualidad diferente a la que dices o piensas que vas a tener, si no sientes la sexualidad y aun así la tienes porque hay que cumplir, si prometes una noche romántica a tu pareja y al final no llegas porque el trabajo te lo impidió.

Por ello el que seas congruente contigo mismo/a, con tus ideas, tus acciones, tu palabra y tu sentir, te da una certeza tal en tu día a día, que te vuelves una persona confiable, más allá que para los demás, para ti mismo. Con ello tu auto estima sube y en consecuencia tu rendimiento sexual también.

Especial

Es única e irrepetible, cada momento tiene lo suyo, y como tal, hay que venerarlo y agradecerlo. Se trata de vivirla como si fuera la última vez para ti y para tu pareja, más que la cantidad, la distinción está en la calidad. Imagina que lo que tienes para regalar es vida, es luz, es energía, es parte de tu ser. Si te entregas sin tapujos y restricciones, la experiencia puede ser tan especial que quedará impregnada en tus células por el resto de tu vida, y con sólo cerrar los ojos, tu cuerpo vibrará…

Reconfortante/Romance

Reconfortar significa confortar física o espiritualmente a alguien. Así que la sexualidad practicada desde la intención clara, en congruencia contigo mismo/a y con tu pareja, libre y auténticamente, en un espacio creado por ustedes y para ustedes, seguro tu alma y la de tu pareja se sentirán reconfortadas.

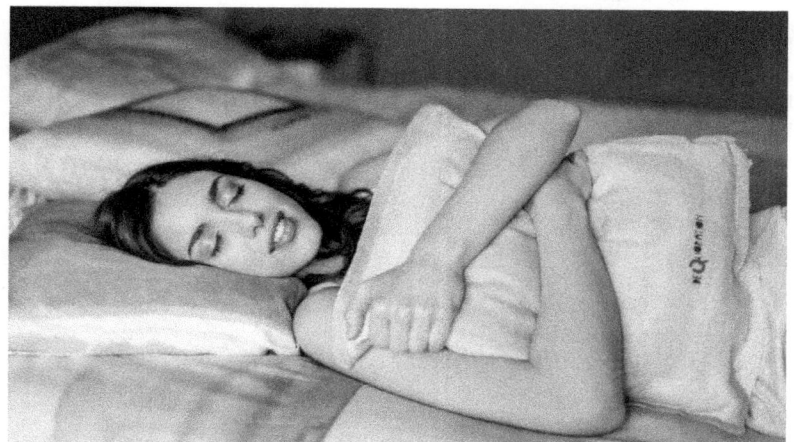

Estos son algunos sinónimos de reconfortar, imagina si la sexualidad que practicas ahora te los proporciona.

- Fortalecer
- Consolar
- Levantar el ánimo
- Vivificar
- Nutrir
- Alimentar
- Vigorizar
- Transformar
- Estimular
- Tonificar

Una sexualidad satisfactoria te da esto y más, aderezada con el romance, que es también particular, el placer está asegurado, es tu elección.
"Nuestras cicatrices son a menudo la apertura hacia nuestras mejores y más bellas partes."
David Richo

En el Taller *"Consciencia emocional y sexual"* tratamos estos temas con más profundidad.

Recapitulando

El placer lo obtiene la mente a través del cuerpo. De hecho el cuerpo está hecho para eso, si no fuera así, no tendríamos tantas terminaciones nerviosas que lo proporcionan placer.
Para que el placer esté prácticamente garantizado, la fórmula es que la sexualidad es PLACER

- Privada.
- Libre.
- Auténtica.
- Congruente.
- Especial.
- Reconfortante/Romance.

Una de las principales características de la sexualidad es que es privada, Esta característica es básica para que obtengas el placer que estás buscando.
La libertad que tienes por derecho propio de vivir tu sexualidad y la manera de obtener placer sólo te pertenece a ti. Siempre y cuando no dañes o lastimes a terceros, no abuses de menores de edad ni de tu conocimiento, ni te aproveches de la vulnerabilidad de tu pareja, sea momentánea o permanente.
Entre más auténtico/a seas a la hora del acto sexual, que dejes de fingir e imitar lo que has visto en las películas, seguro tu grado de placer aumentará.
Cuando mantengas la congruencia en intención y en acción, serás más libre y más auténtico/a, como te puedes dar cuenta, todo está conectado.
Cada acto es especial, nunca se repetirá uno igual, ya que somos seres en evolución.
La sexualidad deja un sentido de reconfortante en el ser y en la mente cuando se experimenta con los puntos anteriores.

Pasos a seguir

1. Escribe 10 creencias limitantes respecto a obtener placer.
2. Escribe qué es para ti una sexualidad libre.
3. Escribe 5 actitudes que te llevarán a tener una sexualidad congruente (cuerpo, mente, intención y emoción).
4. Escribe 5 situaciones románticas para que tengas relaciones sexuales llenas de romanticismo. Agrega una fecha para cada una.

Capítulo 11

Triunfando: Plenitud Sexual

Plenitud evoca un estado de armonía como pocas palabras, es estar completo en todas sus formas. Significa el estado de una cosa o persona que ha alcanzado su momento de máxima perfección o desarrollo.

La plenitud sexual es alcanzable, si así lo eliges. No te detengas a pensar en los hubiera, en que de haber sabido y todo ese tipo de pensamientos que al ego le engolosinan. La información aparece cuando el alumno está listo para aprender, yo estoy aquí porque tú lo pediste, tu resonancia fue tan alta que apareció este compendio para ti, para tu más alto bien, para tu evolución y para tu mejor estar en este plano terrenal, así que gracias, porque de no ser por ti, yo no estría aquí. Hoy es 31 de Diciembre de 2018, todo es perfecto, todo es lo que es.
La plenitud sexual se alcanza aplicando lo siguiente:

- Platica.
- Límites claros.
- Explora
- Neutral
- Interactúa
- Tabúes
- Usa tu creatividad
- Disfruta

Platica

¿Cuándo crees que son los momentos para hablar de sexo? Todos. Entre más hables de él, más te expreses, más te documentes, más intercambies experiencias, más pronto se quitará el velo del misterio, se hará más habitual y dejará de causar tanto morbo. Si haces eso, le quitas el poder que tiene sobre ti tan abrumadora secrecía. La aceptas, la trasciendes y ya no te controlará jamás.

Si tienes pareja habla con ella, no supongas, no asumas, pregunta su escala de valores sexuales, pregunta sobre sus creencias, cuestiona todo, empezando por las tuyas. Habla con tu familia, habla con tus hijos, deja el miedo de lado, pensado que les darás alas para que tengan relaciones sexuales. Las tendrán tarde o temprano, entre más informados estén con el ingrediente del amor de padres, estarán más preparados y su grado de ansiedad y expectativa bajará. En este siglo y en la era del internet seguro saben más que tú respecto a muchos temas de lo que tú sabías a su edad.

En el Taller **"Consciencia emocional y sexual"**, he tenido adolescentes acompañados de sus padres o jóvenes de menos de veinte años que han ido solos.

La distinción es que si no tienen una guía, una brújula, estarán más perdidos que nunca, pues la escala de valores ha cambiado enormemente, lo que para ti era importante ahora ya no lo es para ellos. ¿Qué prefieres? Que lo sepan de ti, con todo el amor que se lo puedas explicar, o que lo aprenda de quien sabe quién. De todos modos, va a ocurrir, va a llegar el momento en que la naturaleza toque a su puerta y le abran paso con todo lo que implica.

"Hablando de sexo se entiende la gente."

vonne Jurado.

Límites claros
Es fundamental que conozcas tus propios límites respecto a la sexualidad. Y mucho más importante, se los hagas saber a tu pareja.
Te estarás preguntando ¿Cómo le hago para ponerme de acuerdo con mi pareja, si ella tiene los suyos y yo los míos?
Existen dos tipos de límites, los límites franqueables y los límites infranqueables.

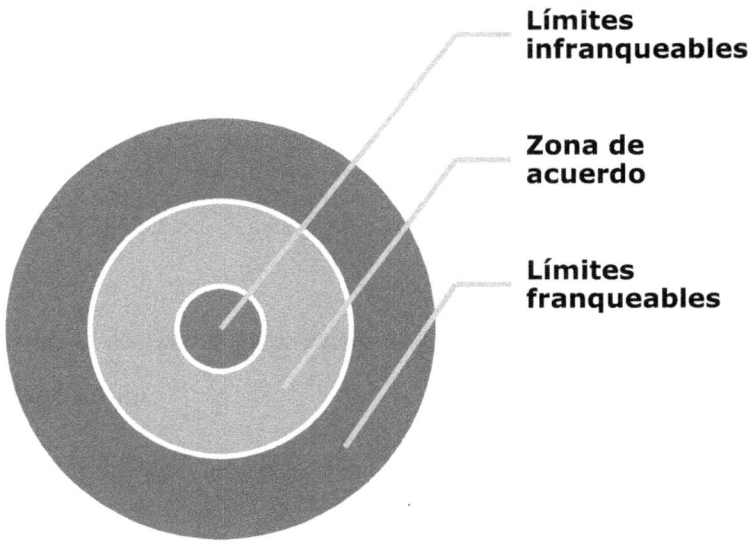

Límites infranqueables

Zona de acuerdo

Límites franqueables

Ambos tienen que saber sus límites, dentro de esos límites, seguro hay mínimo 3 que no están dispuestos a ceder por nada de este mundo, serían sus límites infranqueables. Es importante que el número de límites infranqueables sea un máximo de 5, para que tengan material de negociación, la cual estará en la zona verde. Hay límites que pueden ser franqueables, son los que llevas a la zona de acuerdo.

Los actos de voluntad para llegar a acuerdos son actos de amor y de compromiso más con el resultado, que con tener la razón. Debes de encontrar y tener muy claro los puntos en los que puedes ceder, para que te mantengas congruente con tu propósito y no te sientas culpable contigo mismo/a después.

Explora

Es la invitación constante, que explores, que experimente, que no te conformes, el único responsable de tu vida eres tú, el único que conoce sus fantasías eres tú, el único que sabe hasta dónde puedes llegar eres tú. Si sigues explorando, lo único que encontrarás será conocimiento y una forma diferente de vivir tu sexualidad. Vives en la era de la información, sólo mantén tu congruencia, tus límites, no lastimes a nadie, no abuses de menores, no perjudiques a terceros, no abuses de tu conocimiento.

Neutral

Mantener una posición neutral, sin juzgar y sin criticar ante lo que aprendas es fundamental. También si te encuentras con una pareja que tiene un mayor conocimiento que tú al respecto, sea hombre o mujer, en lugar de que tu ego te atrape con las típicas preguntas de: ¿Dónde habrá aprendido todo esto? ¿Quién se lo enseñó? ¡Seguro se acostó con muchas personas!
En lugar de eso, AGRADECE que haya llegado a tu vida, aprende lo más que puedas, recuerda que todo tiene un propósito divino.
Todo lo que se aprende en esta vida colabora tarde o temprano, no tienes ni idea lo que Dios tiene preparado para ti, ni conoces sus caminos. Así que agradece y aprende de todo lo que te toque vivir.

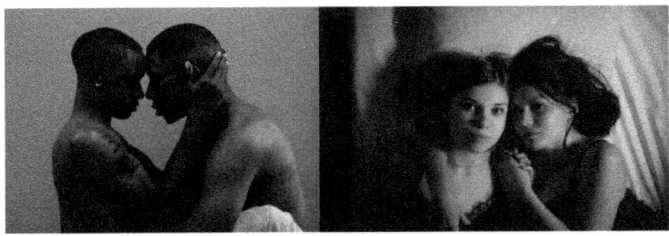

Interactúa

Interactuar es convivir con otras personas. Existen individuos con una habilidad nata para desenvolverse en público y crear vínculos estrechos con los demás.

Una vez que aprendas cada vez más de sexo y de sexualidad la invitación es que compartas tu conocimiento para que cada vez haya más personas satisfechas sexualmente en este mundo, por lo tanto, más felices.

No se trata que andes como merolico gritando a los cuatro vientos tus experiencias, o sí, tú lo elegirás. Lo que es una realidad que lo que aprendes, lo uses y después lo enseñes, así reforzarás tus conocimientos.

La distinción está en que si alguien te pregunta, respondas con la verdad, sin tapujos, y que saques de tu mente la duda. Si alguien te pregunta, es que está listo para aprender.

Tabúes

Los tabúes tienen la única función de prohibir, están en el inconsciente colectivo y no hay realmente nada que los avale, más allá de la creencia limitante de tu mente.

La invitación es que los cuestiones, tengas claro si funcionan para ti o no, al final todo depende de ti, del peso que le des a algún tabú que hayas escuchado.

"La palabra creencia es algo difícil para mí. No creo. Tengo que tener una razón para una cierta hipótesis. O bien sé una cosa, y luego, sé que no necesito creer."

Carl Gustav Jung.

Usa tu creatividad

Crear es lo que distingue a la raza humana del reino animal. La capacidad creadora es infinita, nunca se agota, así que tienes una oportunidad enorme de crear la sexualidad que quieres, esa que siempre ha estado solo en tu mente, hasta ahora. Vienes dotado de creatividad, cuando eras niño siempre creabas, así que sí sabes cómo hacerlo. Es cuestión que lo empieces a practicar, conecta con tu lado sensible, deja que salga como pueda al inicio, no te desesperes y vuelve a intentarlo.

Crear. Dar realidad a una cosa a partir de la nada.

En tu mente has tenido muchas ideas respecto al sexo, es hora que uses tu creatividad para que se conviertan en realidad.

"La creatividad requiere tener el valor de desprenderse de las certezas."

Erich Fromm

Disfruta

Que todo el viaje por tu sexualidad sea gozoso y glorioso. Si Dios te dio todo lo anterior y más, es para que lo disfrutes, no para que lo sufras. Así que la invitación es a que te explayes, a que le des un giro a tu mente para que veas las cosas diferentes, cuestiona todo, no te vendas, no te malbarates, no te apresures, la paciencia es una virtud.

Solo disfruta y regocíjate en el camino, que al final, lo importante no es la meta, sino es la persona en al que te conviertes cuando comienzas a andar.

Mantén siempre tu propósito claro y todas tus acciones alineadas a tu congruencia, en total honestidad contigo mismo/a y con el alma que tienes enfrente.

> "La inteligencia es la habilidad para tomar y mantener determinada dirección, adaptarse a nuevas situaciones y tener la habilidad para criticar los propios actos."
>
> **Alfred Binet**

Recapitulando

Para alcanzar la Plenitud Sexual la fórmula es: PLENITUD.

- Platica
- Límites claros
- Explora
- Neutral
- Interactúa
- Tabúes
- Usa tu creatividad
- Disfruta

La comunicación es básica para cualquier situación en la vida, por ello platicar con tu pareja sexual es primordial. La distinción es hablar desde la honestidad y con la Regla de Oro Sexual, con tus valores sexuales franqueables e infranqueables, así los límites serán claros y te darán libertad.
Explora, no te conformes con lo que has vivido, rompe los tabúes, que como pudiste leer, sólo sirven para limitar tu experiencia y placer sexual.
La creatividad es otro ingrediente que debes tener presente, para evitar la rutina, juega y disfruta. Tu sexualidad es privada y libre, a nadie le tienes que dar explicaciones de nada, siempre y cuando no abuses de menores de edad, no lastimes a terceros y no manipules con tus conocimientos.
Actuando desde la interacción y el respeto todo se vuelve más sencillo.

Pasos a seguir

1. Escribe tus límites SEXUALES franqueables.
2. Escribe tus límites SEXUALES infranqueables.
3. Si viniste con tu pareja, elabores sus límites SEXUALES franqueables e infranqueables como pareja.
4. Escribe 10 tabúes que tengas respecto al sexo.

CAPÍTULO 12

EMPRENDIENDO TU VIAJE

"El mayor descubrimiento de mi generación es que un ser humano puede alterar su vida al alterar sus actitudes."

W. James

Ahora es tiempo de comenzar tu viaje a una sexualidad muy diferente a como la estabas experimentando al inicio de este libro, es hora de hacer tu EQUIPAJE para la travesía.

- Eleva tus estándares.
- Quiebra tus creencias limitantes.
- Utiliza la congruencia.
- Intención clara.
- Platica.
- Alerta.
- Jamás te rindas.
- Enamorándote de ti para enamorar.

Eleva tus estándares

La invitación es que mantengas estándares elevados de las personas y las relaciones que quieres que permanezcan en tu vida. Es requisito si quieres obtener algo diferente en tu vida, es que no te vendas, no te bajes el precio de lo que vales, por miedo a la soledad o al qué dirán.

La presión social es muy fuerte, las redes sociales con la inmediatez de nuestros días, donde todo parece perfecto y feliz, le envía información a nuestro inconsciente constantemente. Tu tiempo es muy valioso, el único y maravilloso poder que tienes es el poder de la elección. Elige qué lees, elige que ves, elige a tus amigos y sobre todo, elige a tu pareja con lujo de detalle.

Quiebra tus creencias limitantes

Hazlas añicos, tu disfrute, tu tranquilidad y tu paz depende de ello. Recuerda que la creencia solamente sirve para controlarte y para hacerte sentir culpa. Si vivimos en el mundo de los opuestos, si existe la culpa en automático estás esperando el castigo, recuerda que las creencias limitantes están en el inconsciente y muchas veces no eres consciente de ellas. Cuestiónate todo el tiempo para que adquieras práctica en quebrar creencias limitantes cada vez que sea necesario. El único límite es el que tu mente te pone.

UTILIZA LA CONGRUENCIA

Recuerda que tu intuición es una brújula que te mantendrá siempre a salvo, es el GPS natural del cuerpo, la invitación es que siempre la escuches y le hagas caso. Es la voz interna que te dice lo que hay que hacer, también el cómo duermes te avisa si estás en congruencia con tu decir, hacer, sentir y pensar.
Si usas tu intuición en tu vida sexual, te aseguro que disfrutarás más, los cuerpos tienen su propio lenguaje, así que si los dejas hablar en su idioma, se entenderán a las mil maravillas

Intención clara

La intención es el reflejo de tu alma, entre más clara y congruente sea contigo mismo/a y tus pensamientos, es mejor. La intención es uno de esos elementos con los que venimos equipados para saber cómo y porqué actuamos de tal o cual manera. Asegúrate de compartir tu intención con tu pareja, para tener relaciones sexuales desde la honestidad, para no crear falsas expectativas y no prometer lo que no será.

Platica

Suena repetitivo, platicar es la clave, con una intención clara, en congruencia. Seguro te preguntarás el motivo por el cual insisto tanto. Es porque como seres humanos estamos modificando la manera en cómo nos comunicamos, cada vez hablamos menos y todo es mediante medios digitales. La distinción está en que en la cama con tu pareja, no hay nada que se interponga, sin embargo si no platican de sus límites sexuales infranqueables, de los límites franqueables, ¿cómo se van a conocer el uno al otro? ¿Cómo te vas a sentir en libertad de hacer tal cual cosa?

Alerta

Está alerta de tus emociones, de tus deseos, de cómo y cuándo te quedas con la sensación de intranquilidad. No eches esto en saco roto, es la única manera de que te conozcas y estés en posibilidades de adquirir consciencia. Se trata de que hagas cosas diferentes para que obtengas resultados diferentes. Decía Albert Einstein que era de locos hacer lo mismo y esperar que las cosas cambien.

Alerta es la clave para que te auto cuestiones y puedas elevar el nivel de tu consciencia.

Jamás te rindas

Insiste y persiste hasta que tengas la relación que siempre has soñado. No te devalúes, no te conformes con algo que tu corazón sabe que no quiere. Es de valientes salir de una relación que ya no funciona. Busca en los lugares adecuados para que encuentres a la pareja que estás buscando, practica el sexo tantas veces como puedas y quieras, entrégate con cuerpo, alma, mente y espíritu, para que no te reclames y no te reclame nadie nunca nada.

Enamorándote de ti para enamorar

De la primera persona que tienes que estar enamorada es de ti mismo/a, una vez que te ames con locura, que seas una agradable compañía para ti, que te valores conscientemente, ya no tendrás miedo. Ve al cine solo/a, ve a comer solo/a, ríete de ti, perdónate las veces que sea necesario y ámate todos los días. Acepta que tienes una sombra, como la tenemos todos, no la resistas ni la niegues, trasciéndela.

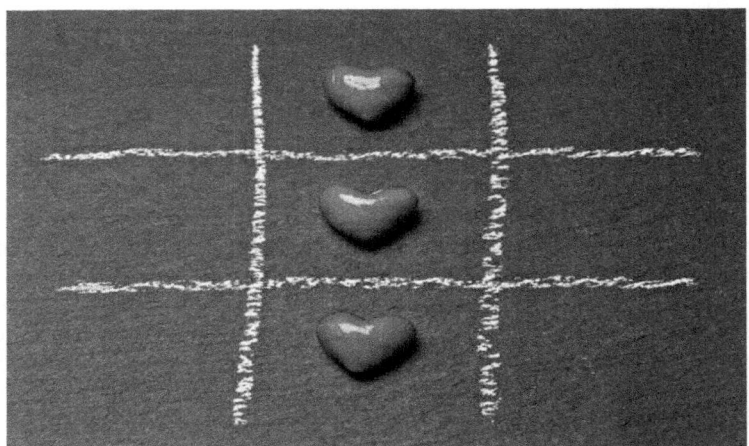

Bibliografía

- ¿Por qué los hombres quieren sexo y las mujeres necesitan amor? Allan y Bárbara Pease, editorial Amat.
- Sexo sabio. Antoni Bolinches, editorial de Bolsillo.
- El libro del sexo. Osho, editorial de Bolsillo.
- Los siete niveles de intimidad. Matthew Kelly.
- Sexo inteligente. Martin Klein, editorial Urano
- Piense y hágase rico. Napoleón Hill, ediciones Obelisco.
- Piensa como millonari@. David Gaona.
- Un curso de milagros. Foundation for inner peace.
- El Kamasutra Vatsyayana. Editores mexicanos unidos.

Películas y Series

- Amantes de 5 a 7. (5 to 7, 2014)
- Liberated. (2018)
- Atelier (serie japonesa). (2015)
- El tiempo entre costuras. (2013)
- Mama mia! (2008)
- Las leyes de la termodinámica. (2017)
- El amor tiene dos caras. (The mirror has two faces, 1996)
- Conociendo a Ray. (3 Generations, 2017)
- Sex and the City (1998)
- La chica danesa. (The Danish Girl, 2015)
- Más fuerte que su destino/Amor prohibido. (Dangereous Beauty, 1998)
- Un método peligroso. (A Dangerous Method, 2011)
- Sensatez y Sentimientos. (Sense and Sensibility, 1995)
- Grace and Frankie. (2015)
- Cuando Sally conoció a Harry. (When Harry Met Sally, 1989)
- The good wife (2009)
- Scandal (2012)
- House of cards (2013)
- Solo un sueño. (Revolutionary Road, 2008)
- You (2018)
- The Affair (2018)

Páginas internet

- www.eloisetoys.com
- https://www.maspormas.com/ciudad/5-sex-shop-puedes-perderte-en-la-ciudad/

BONO ESPECIAL

En agradecimiento y como recompensa por leer este libro, dando el primer paso para vivir en Consciencia Emocional y Sexual, Ivonne Jurado te otorga un bono especial del 50% de descuento para asistir al taller de dos días en el que está basado el libro.

Para hacer válido este BONO, envía un correo a: info@ivonnejurado.com o manda un mensaje de WhatsApp al 52 1 55 37 54 65 45 para proporcionar tus datos.

Es necesario que presentes el libro en la mesa de registro el día del evento

www.ingramcontent.com/pod-product-compliance
Lightning Source LLC
Chambersburg PA
CBHW050904160426
43194CB00011B/2285